Knaur.

Über die Autorin:

Susanne Schmidt, geboren 1947, ist promovierte Nationalökonomin. Sie arbeitete mehr als dreißig Jahre lang in der Londoner City, dem neben der Wall Street weltweit wichtigsten Finanzplatz. Zwanzig Jahre lang war sie in leitender Funktion für internationale Bankhäuser tätig, die letzten zehn Jahre war sie Moderatorin und Kommentatorin des Börsensenders Bloomberg-TV. Susanne Schmidt lebt außerhalb Londons auf dem Land. »Markt ohne Moral« wurde mit dem *Deutschen Wirtschaftsbuchpreis 2010* und dem *getAbstract International Book Award* ausgezeichnet.

Susanne Schmidt

MARKT
OHNE MORAL

Das Versagen der
internationalen Finanzelite

KNAUR TASCHENBUCH VERLAG

Erweiterte Taschenbuchausgabe April 2011
Knaur Taschenbuch
Ein Unternehmen der Droemerschen Verlagsanstalt
Th. Knaur Nachf. GmbH & Co. KG, München
Copyright © 2010 by Droemer Verlag
Ein Unternehmen der Droemerschen Verlagsanstalt
Th. Knaur Nachf. GmbH & Co. KG, München
Umschlaggestaltung: ZERO Werbeagentur, München
Umschlagabbildung: FinePic®, München
Satz: Adobe InDesign im Verlag
Druck und Bindung: CPI – Clausen & Bosse, Leck
Printed in Germany
ISBN 978-3-426-78389-4

2 4 5 3 1

Inhalt

Vorwort

Die tiefgreifende Finanzkrise und die globale Rezession als Folge haben uns seit gut zwei Jahren fest im Griff. Die Arbeitslosenraten sind diesseits und jenseits des Atlantiks auf zehn Prozent emporgeschnellt, in Europa weiterhin mit steigender Tendenz. Die volkswirtschaftliche Gesamtleistung ist in der Eurozone im vergangenen Jahr um etwa vier Prozent, in Deutschland sogar um fünf Prozent geschrumpft; das Haushaltsdefizit in Großbritannien liegt bei etwa dreizehn Prozent des Bruttoinlandsprodukts, in den USA bei elf Prozent – Deutschland steht mit gut drei Prozent noch vergleichsweise gut da. Was mittel- und langfristig noch auf uns zukommen wird, wissen wir nicht. Wie konnte es dazu kommen, wo lagen die menschlichen und systemischen Schwachstellen, was ist zu tun, um ähnliche Katastrophen in Zukunft zu verhindern? Das sind die wesentlichen Fragen, die dieses Buch aufgreift.

Ich habe beinahe ein halbes Menschenleben in der Londoner City gearbeitet und mich in den vergangenen zwei Jahren wiederholt gefragt: Was haben sich die Banker eigentlich dabei gedacht, als sie das ganze giftige Zeug ausgetüftelt haben? Wussten sie, was sie da taten? Kein Mensch kommt auf die Idee, mit Bedacht Müll zu produzieren, nur um diesen teuer zu verkaufen, selbst Banker nicht. Wieso wurden dann all die wunderbaren und innovativen Finanzprodukte Makulatur, wieso sitzen wir auf diesen riesigen stinkenden Abfallhalden von ehemals hoch-

benoteten Wertpapieren? Wie kam es, dass die unbeküm-
merte Begierde der Finanzmanager nach immer höherer
Vergütung und immer höheren Boni die Welt in eine solche Katastrophe hat stürzen können? Und wo waren die
Leute, die eigens dazu bestellt sind, den Bankern auf die
Finger zu schauen? Wurde da vielleicht großes Verstecken
gespielt?

Rund um den Globus hat die Erde gebebt, rund um den
Globus gab es eine tiefe Rezession, rund um den Globus
hat sich die Arbeitslosigkeit erhöht, rund um den Globus
stehen die Finanzminister vor gigantischen Schuldenbergen – alles nur wegen eines einzigen Berufszweiges und
seiner Leidenschaft für russisches Roulette? Und jetzt, wo
es ums Aufräumen geht, ums Bezahlen all der Eskapaden,
da heißt es bei diesen Risikojunkies schon wieder: Business as usual? Das darf wohl nicht wahr sein. Müssen wir
die Silberkugeln polieren? Das sind einige der Fragen, die
ich mir als Bürgerin und Steuerzahlerin stelle. Es sind
wahrscheinlich die gleichen Fragen, auf die Millionen anderer Menschen auch Antworten suchen.

Die Idee, über all diese Fragen und mögliche Antworten im Zusammenhang mit der Finanzkrise ein Buch zu
schreiben, entstand, als mein tägliches Pendeln in die Londoner City im März 2009 endete – etwas weniger vor-
nehm ausgedrückt: als ich im Zuge der Bankenkrise meinen Job in der City verlor. In London war ich über dreißig
Jahre hinweg in unterschiedlichen Sparten der Finanzbranche beschäftigt gewesen. Die Finanzkrise betraf mich
also auch ganz persönlich. Das Thema beschäftigte mich
umso mehr, als ich mich mit dem Finanzsektor in vielerlei

Hinsicht nach wie vor durchaus identifizieren konnte. Insofern ist dieses Buch keine Abrechnung. Es ist der Versuch, Entwicklungen, Eindrücke, Fakten und Schlussfolgerungen so zu schildern, wie sie sich mir darstellen und wie ich sie beurteile. Es ist mithin ein sehr persönliches Buch.

Im Frühjahr 1979 war ich nach London gekommen und hatte in der City zu arbeiten begonnen, und zwar in der Filiale meines damaligen Arbeitgebers, der Deutschen Bank. Ein vorübergehender Auslandsaufenthalt von einigen Jahren war mein großer Wunsch gewesen. Ursprünglich hatte ich zwar eine Karriere im deutschen Filialnetz der Bank im Auge gehabt, aber dem war durch die Bedrohung der RAF ein Riegel vorgeschoben worden. Arbeiten in einem öffentlich zugänglichen Gebäude, wie einer Zweigstelle oder Filiale, war mir verwehrt. Die Alternative wäre gewesen, in einer der Zentralen der Bank zu arbeiten. Aber das wollte ich nicht, das war mir zu weit weg vom eigentlichen Geschäft, ich suchte den Kundenkontakt. Ein Auslandsaufenthalt verschaffte mir unter anderem den Vorteil, dass ich meinen Begleitschutz abgeben und wieder mein eigener Herr sein konnte.

Bis 1991 habe ich in der Londoner City im Großkundenkreditgeschäft gearbeitet, zunächst bei der Deutschen Bank, danach bei einem österreichischen Institut. Darauf folgte etwas ganz Neues: Ich fing bei einer japanischen Investmentbank im Research, also in der Analyseabteilung, an und arbeitete dort, nach einem kurzen Intermezzo im Bereich der Fusionen und Übernahmen, als politische Analystin. Sieben Jahre später, im Sommer 1998, stand ich im

Zuge der Krise der Schwellenländer und der damit ver-
bundenen Entlassungswelle in der City auf der Straße. Mit
einigen Mühen machte ich wieder einen Berufswechsel.
Diesmal ging ich zum Finanzdienstleister Bloomberg als
Moderatorin für dessen deutschen Fernsehkanal. Sämtliche europäischen TV-Kanäle von Bloomberg waren in der
City angesiedelt, und so war ich auch weiterhin in der mir
gewohnten Umgebung tätig und hatte engen Kontakt mit
Menschen im Investmentbanking und im Fondsmanagement. Im März 2009 schloss Bloomberg den deutschen
wie auch andere europäische TV-Kanäle.

Über dreißig Jahre habe ich Erfahrungen in drei völlig
unterschiedlichen Bereichen der Finanzwelt sammeln können und ein gewisses Verständnis dafür entwickelt, wie die
City »tickt«. So kam die Idee auf, meine Beobachtungen
und Überlegungen in einem Buch festzuhalten. Ich würde
mich freuen, wenn »Markt ohne Moral« das Denken und
die Usancen der Finanzwelt transparenter machen und zur
derzeitigen Diskussion, wie das Finanzwesen neu gestaltet
werden sollte, beitragen würde.

Ich habe mich bemüht, finanztechnisches Fachchine-
sisch zu vermeiden. Doch gibt es für eine ganze Reihe von
Begriffen keine »normalsprachliche« Übersetzung, und
vieles lässt sich auch nur auf Englisch korrekt bezeichnen.
Ich hoffe, dass das Glossar im Anhang als Lesehilfe will-
kommen ist.

Genau wie ich hat auch mein Mann immer in der City
gearbeitet. Über Jahre und Jahrzehnte kamen Bekannte,
Nachbarn und Freunde zu uns mit Fragen, wie denn dies
oder jenes zu finanzieren sei, wo die Hypothek am güns-

tigsten sei, wie das Auto am besten zu finanzieren wäre, wie eine bestimmte Summe vorteilhaft anzulegen sei. Erstaunlich, was uns da so alles erzählt wurde, selbst wenn die Betroffenen uns eigentlich gar nicht richtig kannten. Zu wissen, dass wir beide bei einer Bank arbeiteten, genügte vielen als Vertrauensgrundlage. Das hat sich ins genaue Gegenteil verkehrt. Der sprichwörtliche Gebrauchtwagenhändler hat die rote Laterne des Misstrauens dem Banker übergeben: eine schlimme Entwicklung. Banken brauchen Vertrauen wie die Luft zum Atmen. Ohne Vertrauen können sie ihren Laden dichtmachen.

Vertrauen kann man nicht erzwingen. Sollte das Vertrauen zwischen den Banken und uns, den Bürgern und Kunden, weiterhin gestört bleiben, werden wir von der Politik verlangen müssen, dass sie härter durchgreift, als das von der Sache her möglicherweise notwendig wäre.

Kent, im Januar 2010
Susanne Schmidt

Kapitel I

Der Schauplatz: die Londoner City

Als ich im Mai 1979 nach London kam, war Margaret Thatcher gerade zur Premierministerin gewählt worden. Damit fing politisch ein ganz neues Kapitel an: Deregulierung, Privatisierung, schlanker Staat. Frau Thatchers Regierungsprogamm war aber auch der Versuch, die Erbhöfe der Eliten – sei es in der Politik, sei es in der Finanzwelt – zu enteignen und verkrustete Strukturen aufzubrechen. Man sollte etwas werden können, auch wenn der Vater nicht aus der Aristokratie stammte und die Familie nicht seit Generationen ihre Sprösslinge nach Oxford oder Cambridge schickte. In einer Leistungsgesellschaft muss jeder seines Glückes Schmied sein können: Das war eine der wichtigsten Überzeugungen Margaret Thatchers.

Die City mit ihren Merchant Banks und Stockbrokern war damals fest in den Händen der etablierten Familien: Wenn der Vater irgendwo etwas war, kam sein Sohn auch in die Firma – oder wenigstens ein Neffe oder der Sohn einer befreundeten Familie. Die Merchant Banks, aus denen sich später die Investmentbanken entwickelten, betrieben damals noch das klassische Bankgeschäft.

Banken waren am Ende des Mittelalters in Italien gegründet worden, um Anbau von und Handel mit Agrarprodukten zu finanzieren. Weil Wucher von der christlichen Kirche streng verboten war und Zinsgeschäfte und

Geldverleih zur Exkommunikation führen konnten, waren im Bankgeschäft von Anfang an viele Juden zu finden; hinzu kam, dass die Juden in der Regel kein Land erwerben durften und dass ihnen handwerkliche Berufe verboten waren. Das Merchant Banking, wie auch später das Investmentbanking, ist deshalb bis heute von jüdischen Familien und deren Nachkommen geprägt. Viele Merchant Banks wurden übrigens von deutschstämmigen Juden gegründet.

Merchant Banks finanzierten Handelsgeschäfte aller Art durch Wechseldiskonte, auch der Handel mit Edelmetallen gehörte zu ihrem Kerngeschäft. Besondere politische Bedeutung erhielten sie durch das internationale Anleihegeschäft, insbesondere das Arrangieren von Staatsanleihen. Merchant Banks fungierten quasi als »Hausbanken« für große Firmenkunden – und Regierungen! –, die sie bei allen kniffeligen finanziellen Geschäftsfragen berieten; sie arrangierten die notwendigen Finanzierungen und führten zum Beispiel Börsengänge oder Geschäftsübernahmen durch. Die im 19. Jahrhundert überall in Europa und Amerika neu entstehenden Bahngesellschaften hätten sich ohne Finanzierung durch die Merchant Banks so nicht entwickeln können.

Als ich nach London kam, gab es dort ein gutes Dutzend wichtiger Merchant Banks; die bekanntesten waren Morgan Grenfell, Warburg, Baring Brothers, Singer & Friedlander, Flemings, Rothschild und Schroders. Rothschild und die Asset-Management-Sparte von Schroders sind heute noch unabhängig, die anderen sind inzwischen entweder aufgekauft oder abgewickelt worden. Ihre Zeit war schon lange vorbei; sie konnten die für die immer größer werdenden Transaktionen erforderliche Kapitalunterlegung nicht aufbringen, und auch die notwendigen Investitionen in Technologie und Personal überforderten ihre Kapitalausstattung.

Morgan Grenfell wurde 1989/90 von der Deutschen Bank für etwa 2,7 Milliarden Mark übernommen. Die Deutsche Bank wollte sich die cleveren angelsächsischen Eierköpfe einkaufen; angelsächsisches Finanz-Know-how wurde von allen, die als Global Player im Bankwesen erfolgreich sein wollten, als unerlässlich angesehen. In der City wurde allerdings gemunkelt, Morgan Grenfell habe kurz vor der Pleite gestanden und der Preis sei unangemessen hoch. Ob daran etwas Wahres war oder nicht: Als Alfred Herrhausen, der Chef der Deutschen Bank, der kurz darauf von Terroristen ermordet wurde, im Londoner Büro von Morgan Grenfell den dort Beschäftigten die geplante Übernahme bekanntgab, erhielt er unerwartet spontanen Applaus. Die Leute von Morgan Grenfell waren glücklich, dass sie ihre Jobs behielten, auch wenn sie von da an unter der Flagge der Deutschen Bank segeln mussten; ihr Chef, John Craven, wurde sogar in den Vorstand der Deutschen Bank berufen.

In einer simultanen Veranstaltung in der Londoner Filiale der Deutschen Bank wurde den Mitarbeitern von Hilmar Kopper, der später Herrhausens Nachfolger wurde, die Übernahme erklärt. Hier fiel die Reaktion sehr viel kritischer aus; man fürchtete, dass die Merchant Banker die Oberhand gewinnen würden, und fragte sich, warum der Kaufpreis so hoch war. Ich selbst war zu dieser Zeit schon nicht mehr bei der Deutschen Bank beschäftigt, hatte aber immer noch gute Bekannte in den verschiedenen Abteilungen und war durch Klatsch immer bestens darüber informiert, was sich tat und wie die Stimmung war.

Wenige Jahre später kaufte sich auch die damals zweitgrößte Bank Deutschlands, die Dresdner Bank, mit Kleinwort Benson eine Londoner Merchant Bank. Wie wir wissen, ging die Dresdner 2001 an die Allianz und 2009 an die Commerzbank. Es ist ihr nicht gelungen – genauso wenig wie übrigens der Deutschen Bank –, die elitären und viel höher bezahlten britischen Merchant und Investmentbanker in das deutsche Universalbankensystem zu integrieren. Das waren (und sind immer noch) zwei völlig verschiedene Welten. Da ist die eine Seite neidisch auf die höhere Bezahlung und fassungslos über die Risikobereitschaft und das kurzfristige Denken; die andere schaut verächtlich auf die bürokratischen, unflexiblen und in ihren Augen nicht sehr hellen Kollegen herab.

Die Stockbroker haben im Laufe der neunziger Jahre ebenfalls erheblich an Bedeutung verloren. Vor dem »Big Bang«, der großen Deregulierung der City durch Margaret Thatcher 1986, lag das Aktiengeschäft ausschließlich in den Händen von Stockbrokern und Stockjobbern. Die Stockbroker gaben Kauf- und Verkaufsorder ihrer Klienten an die Stockjobber weiter; das waren die eigentlichen Händler und Marketmakers, die aber keinen Kundenkontakt hatten. Der »Big Bang« hob diese Trennung von Brokern und Jobbern auf und erlaubte es erstmals auch ausländischen Instituten, mit Aktien zu handeln. Die Reform brachte außerdem das Ende der Festpreis-Wertpapierkommissionen; die Gebühr, die für eine Wertpapiertransaktion vom Auftraggeber zu zahlen war und deren Höhe entsprechend dem Auftragsvolumen von der Londoner Börse vorgeschrieben wurde, unterlag von nun an dem Wettbewerb. Es war das Signal zum Sturm auf die City, die dem »Old Boys' Network« bis dahin wie eine uneinnehmbare Festung erschienen war. Bis dahin stand »Stockbroker« für den vermögenden City-Manager, der seine Kinder auf eine Privatschule schickt, Mitglied in mehreren vornehmen Clubs ist und eine große Villa im teuren Surrey besitzt. Surrey ist eine Grafschaft im Südwesten Londons und wird noch immer Stockbroker-Gürtel genannt; betuchte City-Manager wohnen dort heute noch.

Als ich 1979 nach London kam, sah die City sehr viel anders aus als heute. Da gab es noch Männer, die mit Bowler und aufgerolltem Regenschirm herumspazierten. Da liefen zur Mittagszeit noch die kleinen Lehrlinge mit einem Berg von Schecks unterm Arm zum Clearing House, wo die Geschäftsbanken die auf sie gezogenen Schecks untereinander verrechneten. Und die Lunches! Bei gutem Wein und Brandy unternahm man mit den Kunden eine Tour d'Horizon der jüngsten finanz- und wirtschaftspolitischen Entwicklungen einschließlich aller relevanten gesellschaftlichen Ereignisse; anschließend wurde das Geschäft beim Kaffee besprochen. Das alles war wenig zeiteffizient, aber sehr zivilisiert und freundlich.

Es klingt heute wie aus einem Märchen, und doch ist es wahr: In den ersten Jahren brauchte ich nur die Hälfte meines Gehalts zu versteuern – sehr zum neidvollen Ärger meiner britischen Kollegen. Es war ein Anreiz der Regierung, um Ausländer in die City zu locken und die City auf diese Weise international zu öffnen. Heute ist die City neben New York unangefochten die wichtigste Finanzadresse der Welt, und rund um den Globus stehen junge Leute Schlange, um in die Londoner City versetzt zu werden.

Nicht nur der Steuersatz, auch vieles andere hat sich seitdem in der City verändert. Der Alkohol wird nicht mehr zur Mittagszeit getrunken – da sind eher Softdrinks und Wasser angesagt –, dafür umso reichlicher am Abend. Die Stadtreinigung hat eigens Reinigungskolonnen abgestellt, um all das Erbrochene bis zum nächsten Morgen von der Straße zu fegen. Karitative Organisationen wie die Samariter oder Johanniter lassen ihre Rettungswagen am Freitagabend vorsorglich in der City auf Abruf parken, damit sie die Opfer der Alkohol- und Drogenexzesse schnell in die umliegenden Krankenhäuser transportieren können.

Die Bowler-Hüte sind endgültig verschwunden. Und leider auch die schönen roten Doppeldeckerbusse, auf die man aufspringen konnte. Wirklich eilig hatte es damals, verglichen mit heute, allerdings niemand. Heute ist das Geldverdienen, und zwar in erster Linie zur Auffüllung des eigenen Kontos, nicht dem des Arbeitgebers, die alles überragende Motivation der Beschäftigten. Angefangen hat das Mitte der achtziger Jahre. Damals tanzte die City zum ersten Mal den Tanz ums Goldene Kalb, Mammon war der Gott und wurde verehrt – 24 Stunden am Tag. Man verdiente Geld, und man zeigte es. Ich fand es ziemlich schrecklich. Das war nichts für jemanden, der sozialdemokratisch aufgewachsen war.

Heute arbeiten weit über 300 000 Menschen in der City, davon etwa 80 Prozent im eigentlichen Finanzgeschäft, also bei Banken, Versicherungen, im Asset Management und bei sonstigen Finanzinstituten und Finanzdienstleistern. Und alle drängen sich in der »Square Mile«, wie die City auch genannt wird, da sie etwa eine Quadratmeile umfasst. Viel ist das nicht, geographisch ist die City klein, und wenn man will, kann man zu Fuß überall hinkommen, häufig sogar sehr viel schneller als mit Taxi, U-Bahn oder Bus.

Von Canary Wharf nach Mayfair

Die City ist heutzutage allerdings nicht der einzige Ort, an dem sich die Banken in London konzentrieren. Es gibt, etwa sieben Kilometer themseabwärts, noch das Gebiet von Canary Wharf. Die ersten Büros dort wurden Anfang der neunziger Jahre fertiggestellt, zurzeit arbeiten dort gut 90 000 Menschen. Viele der Banken, über die man seit Beginn der Krise in den Medien liest und die heute stark in Verruf geraten sind, haben in Canary Wharf ihre Büros, zum Beispiel Lehman Brothers (jetzt Nomura), Merrill Lynch (jetzt Bank of America), die Citigroup (jetzt zu einem Drittel teilverstaatlicht), Barclays und HSBC (ursprünglich die Hongkong and Shanghai Banking Corporation, laut Forbes-Liste 2009 die größte Bankengruppe der Welt). Das Gelände war früher Teil der Docklands, eines riesigen Areals von Hafenanlagen. Der Name Canary

Wharf stammt von den Lagerhäusern für den Früchtehandel mit den Kanarischen Inseln.

In Canary Wharf arbeiten ungewöhnlich viele Investmentbanker, und deshalb findet man dort auch viele teure und superteure Geschäfte und Restaurants. Aber das gesamte Viertel wirkt immer noch wie am Reißbrett entworfen und ziemlich steril. Auch die Verkehrsanbindung ist schlecht. Allerdings gibt es einen kleinen Flugplatz gleich nebenan, von dem man schnell zur Geschäftsbesprechung auf den Kontinent fliegen kann. In einigen der riesigen Büroklötze – in Canary Wharf stehen die drei höchsten Gebäude des ganzen Königreichs – arbeiten bis zu 9000 Menschen, die Handelsräume sind von gewaltigen Ausmaßen und speziell auf Bankbedürfnisse zugeschnitten. Aus diesem Grund und weil die Mieten deutlich niedriger liegen als in der City, ist Canary Wharf bei den großen Investmentbanken beliebt.

Viele Banker haben in den letzten Jahren an beiden Orten gearbeitet; und wenn man von jemandem sagt, er arbeite in der City, oder ganz generell von der City spricht, umfasst das auch Canary Wharf. Ich habe aber noch nie jemanden getroffen, der nicht die City als Arbeitsplatz eindeutig bevorzugt hätte. Kürzlich sprach ich mit einem Bekannten, der mir voller Stolz erzählte, welch tollen neuen Job er geangelt habe. Nachdem ich ihn beglückwünscht hatte, meinte er, das Beste daran sei allerdings, dass er von Canary Wharf wieder zurück in die City komme.

In den letzten Jahren hat sich noch ein dritter Platz etabliert, an dem die *dramatis personae* ihre Büros haben: Mayfair im Londoner Westend. Die Hedgefonds-Manager haben sich diesen vornehmen und teuren Stadtteil auserkoren. Dort ist es noch sehr viel angenehmer als in der City, ganz zu schweigen von Canary Wharf. Die Fahrt zum Flughafen Heathrow ist erheblich kürzer, abends hat man es nicht weit zu den Theatern und den guten Restaurants. Und die Häuser der richtig wohlhabenden und reichen Hedgefonds-Manager liegen nicht weit entfernt, oft an einem der wunderschönen alten »Squares« mit zum Teil recht großen Privatgärten. Zu Fuß ins Büro zu gehen, mitten in London einen Garten zu haben und abends ein paar Straßen weiter zu dinieren: Das ist der Beweis, dass man zur allerfeinsten Elite gehört.

Das Pendeln und andere Annehmlichkeiten

Einer der ganz großen Vorzüge der eigentlichen City ist ihre Verkehrsanbindung. Sämtliche U-Bahn-Linien führen unter ihr hindurch, dazu kommen drei Kopfbahnhöfe, in denen die Eisenbahnzüge aus den Grafschaften East Sussex, Kent, Essex und Suffolk einlaufen. Die U-Bahn ist zur Hauptverkehrszeit so voll, dass man mit allen Umstehenden zwangsläufig in körperlichen Kontakt gerät; den Kopf beugt man am besten nach unten, da einem sonst allerlei ins Gesicht bläst. Häufig muss man zwei oder drei proppenvolle Züge passieren lassen, weil man einfach nicht mehr hineinpasst. Im Sommer sind Temperaturen von 40 Grad und mehr in den Zügen keine Seltenheit. Da sie nicht klimatisiert sind, stinkt es gewaltig, dafür gibt es keinen anderen Ausdruck. Seit Jahrzehnten hat es die Stadtverwaltung versäumt, in die Infrastruktur der U-Bahn zu investieren.

Das Gleiche gilt für die Eisenbahnen. Sie sind seit Margaret Thatchers Zeiten zwar privatisiert, aber die Bahngesellschaften schütten lieber Dividenden aus, als Züge und Gleise zu modernisieren. In den letzten zwanzig Jahren bin ich ausschließlich mit dem Zug nach London gefahren. Je nach Lage meines Büros habe ich täglich eineinhalb bis zwei Stunden in die Stadt gebraucht – und die gleiche Zeit wieder zurück. Das ist schlimm genug, aber wenn dann die Züge obendrein nicht fahren oder nur mit erheblicher Verspätung, weil das Herbstlaub die Schienen verschmiert oder sie bei Frost vereisen oder gerade nicht genug Personal da ist, dann ist man gestresst, noch bevor der Arbeitstag überhaupt angefangen hat.

Das Pendeln ist ein Problem, nicht nur für die City, sondern für London insgesamt. Das Auto ist keine Alternative. Wegen völlig verstopfter Straßen dauert die Fahrtzeit oft doppelt so lang, außerdem sind die wenigen öffentlichen Parkplätze für die meisten abschreckend teuer. Gegenüber von Bloomberg kostete das Parken zuletzt 35 Pfund (etwa 40 Euro) pro Tag.

Am Wochenende ist die City eine ausgestorbene Geisterstadt. Ich habe nur selten an Samstagen und Sonntagen im Büro arbeiten müssen, aber wenn, wurde ich immer an ein Buch erinnert, das mich in meiner Jugend sehr fasziniert hat, den in den sechziger Jahren berühmten Roman »Das letzte Ufer« von Nevil Shute. Nuklearverseuchte Wolken treiben um den Globus, lassen die nicht lebende

Materie unberührt, aber die Menschen und Tiere sterben. Genau so wirkt die City am Sonntag. Wenn man Glück hat, sieht man hier und da ein paar verlorene Touristen, aber ansonsten kaum Menschen, alle Geschäfte und Lokale sind geschlossen. Es hat etwas Unheimliches und Gespenstisches.

Während man unter der Woche zur Hauptverkehrs- und zur Mittagszeit nur langsam vorankommt, weil einfach zu viele Menschen unterwegs sind, gehört die City am Wochenende ihren Einwohnern; davon hat sie heutzutage nur 8000, so viel wie ein größeres Dorf. Dabei war die City ursprünglich das eigentliche London, um 1700 zählte sie über 200 000 Einwohner. Sogar Reste des römischen Befestigungswalls aus dem 2. Jahrhundert nach Christus kann man noch sehen. Und natürlich liegt auch der Tower of London mit den Kronjuwelen innerhalb der City, desgleichen die wunderschöne alte Guildhall aus der ersten Hälfte des 15. Jahrhunderts, in der heute die Verwaltung der City of London untergebracht ist und die für zeremonielle Anlässe genutzt wird.

Daneben gibt es etwa fünfzig Kirchen – die berühmteste ist natürlich St. Paul's Cathedral (Paulus ist der Schutzheilige der City). Während die meisten Gotteshäuser aus dem 17. oder 18. Jahrhundert stammen, gibt es auch einige viel ältere, aus dem 12. und 13. Jahrhundert. Wie denn überhaupt die City mit ihren mittelalterlichen Straßenzügen, den vielen kleinen Gassen und winkeligen Passagen etwas sehr Besonderes ist: Man geht zweimal um die Ecke und steht, fernab von dem Getöse des Verkehrs und den wuselnden Menschen, in einem kleinen Innenhof oder einem hübschen Garten. Hatte man eben noch den Kopf voller Bürokram, ist es mit einem Mal vollkommen still; man fühlt sich in eine lang zurückliegende Zeit versetzt, wohlige Ruhe kehrt ein. Ist es Zeit zum Gehen, macht man die wenigen Schritte zurück, und da schlagen einem wieder Krach und Tempo um die Ohren.

Sogar die Natur kann man in der City beobachten. Ich habe einige Jahre in einem Büro gearbeitet, das sich in einem hässlichen Gebäude aus den Sechzigern befand. Aber vor dem Haus gab es einen kleinen Grünplatz, einen ehemaligen Friedhof, der nicht bebaut werden durfte. Dort stand ein gigantischer Trompetenbaum, auf dem sich im Herbst immer die Stare versammelten. Die machten ein Riesenspektakel. Irgendwann ging es dann husch – und weg waren sie bis zum nächsten Nachmittag.

Der Beitrag der City zum Bruttoinlandsprodukt

Insgesamt werden in der City etwa vier Prozent des britischen Bruttoinlandsprodukts (BIP) erwirtschaftet; der gesamte britische Finanzsektor trägt etwa neun bis zehn Prozent bei; damit ist er nur geringfügig größer als der US-amerikanische, der etwa acht Prozent des BIP ausmacht. In Deutschland ist das sehr viel weniger, da erwirtschaften die Finanzdienstleister insgesamt nur knapp vier Prozent des Bruttoinlandsprodukts, also etwa den gleichen Anteil, wie ihn die City alleine schafft.

Es ist interessant zu verfolgen, wie sich der Beitrag einzelner Wirtschaftszweige zum britischen BIP seit 1997, als Labour unter Tony Blair an die Regierung kam, verändert hat. Damals sorgte die Industrieproduktion immerhin noch für 20 Prozent des gesamtwirtschaftlichen Aufkommens, Ende 2009 war der Anteil mit nur noch elf Prozent beinahe auf die Hälfte geschrumpft. Auch unter der Labour-Regierung fand also eine wirtschaftliche Strukturveränderung hin zur Dienstleistungsgesellschaft statt, nicht anders als unter der konservativen Regierung von Margaret Thatcher. In den USA macht die Industrieproduktion immer noch 20 Prozent des BIP aus, in Deutschland sind es sogar etwa 30 Prozent. Dafür ist die Bedeutung des britischen Immobiliensektors stark gestiegen, nämlich von knapp 13 auf gut 16 Prozent – unter anderem eine Folge der riesigen britischen Immobilienblase.

Die sogenannte Finanzialisierung (Financialisation) ist in Großbritannien und den Vereinigten Staaten also deutlich weiter vorangeschritten als in Deutschland. Der Begriff ist in Anlehnung an das in der zweiten Hälfte des 19. Jahrhunderts aufgekommene Wort »Industrialisierung« gebildet worden und steht für den zunehmenden Einfluss der Finanzmärkte und des gesamten Finanzwesens nicht nur auf das Wirtschaftsgeschehen eines Landes, sondern auch auf das Privatleben seiner Bürger. In Stichworten lässt sich der Bedeutungswandel des Finanzsektors etwa so zusammenfassen: Die Finanzmärkte selbst sind exponentiell gewachsen; die im Finanzwesen tätigen Unternehmen wie Banken, Investmentfonds, Versicherungen werden von großen Instituten dominiert; die Anzahl der Finanzprodukte ist explodiert; in den Unternehmen der

Realwirtschaft sind die Finanzvorstände heute meistens die Nummer zwei hinter dem Vorsitzenden (früher war das oft der Vertriebsvorstand oder der für die Produktentwicklung zuständige Vorstand); Shareholder-Value und das Denken in Renditen sind auf dem Vormarsch; das Einkommen der privaten Haushalte wird zunehmend aus dem Finanzvermögen und nicht mehr aus dem Arbeitseinkommen gespeist.

Das Für und Wider der Finanzialisierung ist Gegenstand einer breiten wirtschaftswissenschaftlichen Debatte. An dieser Stelle genügt der Hinweis, dass sowohl Großbritannien als auch die USA einen deutlich höheren Grad der Finanzialisierung als zum Beispiel Deutschland aufweisen und dass auch der Beitrag der Finanzdienstleister zum BIP in Großbritannien und den USA höher ausfällt. Es ist daher kein Wunder, dass die britische und die amerikanische Volkswirtschaft durch die Finanzmarktkrise besonders stark gelitten haben (zumal in beiden Ländern auch die Wohnimmobilienblase geplatzt ist).

Die britischen Politiker setzen daher alles daran, den Bedeutungsvorsprung der City als europäischer Finanzplatz Nummer eins zu halten, und tun sich schwer mit einer als zu scharf empfundenen Finanzregulierung; das gilt sowohl für Labour als auch für die Konservativen. Der britische Premierminister Gordon Brown trat schon zu seiner Zeit als Schatzkanzler, also als Finanzminister (1997 bis 2007), lediglich für eine Regulierung mit lockerer Hand ein (light touch) und belehrte darüber auch gern seine Amtskollegen auf dem Kontinent, ob sie es hören wollten oder nicht. Deshalb zeigen in der jetzigen Krise viele Finger auf ihn: Brown habe es den Banken doch besonders leichtgemacht, unser Geld zu verspielen.

Jetzt, nach den gigantischen Rettungsmaßnahmen, dem besonders dramatischen Einbruch der britischen Konjunktur und dem exorbitanten Haushaltsdefizit, rudert die Regierung etwas zurück. Bei dem Versuch, die Banken in ein engeres Bonuskorsett einzuschnüren, handelt es sich allerdings eher um eine kosmetische Maßnahme, um den Volkszorn zu besänftigen und sich für den Wahlkampf im Frühjahr 2010 eine bessere Ausgangsposition zu sichern. Tatsache ist, dass die britische Regierung alles unterlassen wird, was die Bedeutung der Londoner City als Finanzplatz Nummer eins in Europa in irgendeiner Weise gefährden könnte – wahrscheinlich selbst um den Preis weiterer Bankenexzesse.

Kapitel II

Was machen Banker eigentlich?

»Den« Banker gibt es natürlich nicht. Ist ja klar bei den Massen, die sich da tummeln. Die allermeisten sind ganz normale Leute, die ihren Job machen und sich freuen, wenn der Feierabend naht und sie endlich nach Hause und zu ihrer Familie kommen. Einmal in der Woche gibt's im Büro eine Umlage, und dann wird gemeinsam Lotto gespielt, manchmal geht man abends mit den Kollegen auf ein Bier. Für die Unzahl von Finanztransaktionen muss es ordentliche Verträge geben, alles muss geprüft und nochmals geprüft werden, Zahlungen sind termingerecht abzuwickeln, die Überwachung muss funktionieren und so weiter. Es gibt also eine Heerschar von Bankangestellten, die gar nicht aktiv das Geschäft betreiben, sondern im sogenannten Backoffice oder in der Verwaltung beschäftigt sind und dafür sorgen, dass das, was das Frontoffice macht, auch ordentlich umgesetzt wird.

Außerdem ist es ein Irrtum zu glauben, die City bestehe vor allem aus Investmentbankern. Streng genommen gibt es gar keine größeren, völlig unabhängigen britischen Investmentbanken (die gab es bis zu ihrer gesetzlichen Umwandlung in Geschäftsbanken im Zuge der Finanzkrise nur in den USA). Das Investmentbanking wird entweder von den Investmentsparten oder den Tochtergesellschaften der großen Universalbanken betrieben, ist aber eben nur

ein Teil von deren Gesamtgeschäft. Darüber hinaus gibt
es zahllose Fondsgesellschaften und spezialisierte Institute
wie Hypothekenbanken und Broker (Finanzmakler unter-
schiedlichster Ausrichtung; zum Beispiel Geldmakler, Ver-
sicherungsmakler, Aktienmakler) und vor allem eine Vielzahl von kleineren, insbesondere ausländischen Banken
(in der City sind insgesamt 250 Auslandsbanken angesiedelt), die sich keine Investmentsparte leisten können
oder wollen, weil das teuer ist und sie das nötige Know-
how nie bekämen. Diese Institute konzentrieren sich meist
auf das Geschäft mit Großkunden (Wholesale Banking)
und bieten einen speziellen UK-Service für ihre heimischen
Firmengroßkunden. Zu guter Letzt ist in der City eine
große Anzahl von Anwaltskanzleien, Buchprüfern, Unter-
nehmensberatern und anderen Berufsständen angesiedelt,
unverzichtbar für den florierenden Betrieb von Europas
größtem Finanzplatz.

Im Zuge der Finanzkrise sind besonders die Investmentbanken in die Schusslinie geraten. Neben einigen unsolide
arbeitenden und ungenügend refinanzierten Hypothekenbanken waren es vor allem die großen amerikanischen Investmentbanken wie Goldman Sachs oder die gescheiter-
ten Lehman Brothers, JP Morgan und andere, die den
Zorn auf sich zogen. Auch die Bosse dieser Banken waren
häufig Zielscheibe der öffentlichen Erregung, denn ihre
Geschäftsmodelle haben dem Steuerzahler die Katastrophe eingebrockt.

Investmentbanker

Genauso wie es »den« Banker nicht gibt, gibt es auch »den« Investmentbanker nicht. Da ist der M&A-Spezialist, zuständig für Mergers & Acquisitions, also für Übernahmen und Fusionen, der Experte für IPOs (Initial Public Offering, die Ersteinführung eines Unternehmens an der Börse) und andere Aktienplazierungen, der Zuständige für Anleiheemissionen und der Spezialist für strukturierte Produkte (wie die Bündelung und Restrukturierung von Krediten zum Weiterverkauf, Verbriefung). Außerdem gibt es Händler und Analysten aller Art, Volkswirte, Aktien- und Bondanalysten, Rohstoff- und Devisenspezialisten und die sogenannten Strategen, die darauf spezialisiert sind, die Entwicklungen von Finanzmärkten zu prognostizieren.

Dies alles sind hochspezialisierte Jobs, und meistens haben die Beschäftigten in der einen Sparte nur eine nebulöse Vorstellung davon, was die Kollegen nebenan machen. Von den Topmanagern und Vorständen erwartet man gemeinhin, dass sie einen Überblick über alles haben. Aber die große Finanzkrise hat bestätigt, was der Beobachter bereits vermutet hatte: Wenn Spezialisten für Derivate und strukturierte Produkte ihre Programme erläutern, kann man getrost davon ausgehen, dass die Vorstände nicht wissen, was ihnen da eigentlich ins Haus steht. Hauptsache, es ist nicht ungesetzlich und bringt – oder jedenfalls brachte mal – das wirklich große Geld.

Viele der Jobs im Investmentbanking gibt es auch bei anderen Banken und bei Fondsmanagern. Jede größere

Sparkasse hat ihre Volkswirte, ihre Renten- und Aktien-
spezialisten. Nur beraten diese eben nicht im Geschäft mit
Fusionen und Übernahmen, bringen keine Unternehmen
an die Börse und drehen nicht das große Rad mit Verbriefungen.

Die Spezialisten im Investmentbanking verkaufen Wertpapiere und andere Investmentprodukte an andere Finanzinstitute oder an Großkunden. In der City wird das die
»Sell Side« genannt. Es gehört zu den Eigenheiten der Sell
Side, dass sie starken Schwankungen ausgesetzt ist und
sehr volatile Erträge ausweist. So verzeichnete das Investmentbanking vom zweiten Quartal 2009 an schon wieder
immense Gewinnzuwächse, während es 2008 den gesamten Bankensektor tief in den Keller, ja an den Rand des
Abgrunds gebracht hatte.

Und dann gibt es die Käufer, die Investoren, die sogenannte »Buy Side«. Das sind die Versicherungen, die Pen-
sions- und anderen großen Investmentfonds, aber auch
die Hedgefonds und die Private-Equity-Gesellschaften.
Die Buy Side verwaltet das Geld anderer Leute, ihre Ein-
nahmen sind tendenziell beständiger und nachhaltiger. Generell heißt es, die Sell Side sei aggressiver als die Buy Side.
Die Menschen, die dort arbeiten, seien härter, arroganter
und deutlich besser bezahlt.

In der Praxis ist es oft schwierig, die Verkäufer- und die
Käuferseite fein säuberlich zu trennen, denn häufig sind sie
nicht nur unter dem Dach einer großen Universalbank ver-
einigt, sondern dieselbe Abteilung kann sowohl Kauf- als
auch Verkauffunktionen ausüben. So kauft eine Bank zum
Beispiel Wertpapiere von einer anderen Bank, um diese,

wenn die Rendite attraktiv erscheint, ins eigene Porte-
feuille zu legen (Investorfunktion, Käufer) oder um sie
weiterzuverkaufen (Handelsfunktion, Verkäufer). Viele
Banken sind quasi in Personalunion Investor und Banker
zugleich.

Fonds, Hedgefonds und Heuschrecken

Das klassische Asset-Management, also die Anlage und
Verwaltung von Kapital, gehört eigentlich zur Käuferseite.
Die dort arbeitenden Fondsmanager beeinflussen das Investmentbanking jedoch erheblich, da sie Käufer von
Investmentprodukten sind. Sie stehen eher selten im Blick-
punkt des öffentlichen Interesses, obwohl sie für den
Durchschnittsbürger viel wichtiger sind als die Investmentbanker. Sie verwalten nämlich über Versicherungs-
produkte oder direkte Anlagen in Wertpapierfonds den
Großteil unserer Altersvorsorge – abgesehen natürlich von
der staatlichen Rente; in Großbritannien werden außerdem sämtliche Betriebsrenten und -ansprüche in externen
Fonds gemanagt.

Viele Fonds haben in der Krise zwar durch Anlagen in
strukturierte Produkte (zusammengesetzte Produkte unter
Verwendung von Derivaten) gelitten, aber doch deutlich
weniger als Banken. Man muss allerdings hinzufügen,
dass Banken gehalten sind, marktnäher zu bilanzieren,
und Fonds oder Versicherungen durch stille Reserven und
Verluste in ihren Bilanzen manches »verstecken« können.

Die großen Schwierigkeiten erwuchsen den Fonds durch die Rückschläge an den Aktien- und Kreditmärkten.

Hedgefonds-Manager gehören ebenfalls zur Buy Side, sie sind eigentlich nichts anderes als normale Asset-Manager; aber sie bedienen sich vielfach der gleichen Produkte und Techniken wie ihre Kollegen im Investmentbanking und sind daher noch enger mit der Sell Side verwandt. Genau wie andere Fondsmanager haben sie spezielle Ausrichtungen, nur wird das bei ihnen etwas hochtrabend Strategie genannt. Die bekanntesten Strategien sind »Long-Short Equity« (als unterbewertet eingeschätzte Aktien werden gekauft – da ist man long; als überbewertet eingeschätzte verkauft – da ist man short); »Arbitrage/Relative Value« (Schwankungen zwischen Märkten ausnutzen); »Event Driven« (ereignisbasiertes Handeln, zum Beispiel bei Unternehmensübernahmen Kauf der Aktien des übernommenen und Verkauf derjenigen des übernehmenden Unternehmens); »Global Macro« (Ausnutzung der globalen Trends bei Aktien, Renten, Rohstoffen); »Managed Futures« (Termingeschäfte in Rohstoffen, Devisen und anderen Anlagen).

An all diesen »Strategien« ist nichts wirklich Neues, es gibt sie seit Jahrzehnten. Ein guter Fondsmanager oder Vermögensverwalter war schon immer gut darin, das Aktienportfolio zusammenzustellen, wusste Bescheid über die globalen makroökonomischen Trends und hatte eine Nase dafür, wer von wem übernommen werden könnte. Allerdings machte er nicht so viel Wind wie die Hedge-fonds-Manager, die bis zum großen Crash viel Wert darauf legten, den Nimbus des Außergewöhnlichen und Mysteriösen zu pflegen. Damit versuchten sie ihre exorbitant hohen Gebühren zu rechtfertigen. Jetzt, wo es ihnen regulatorisch an den Kragen gehen könnte, besinnen sie sich auf etwas mehr Transparenz.

In vier Punkten unterscheiden sich die Hedgefonds vom klassischen Fondsmanagement: der fehlenden Regulierung, der Risikoneigung, der hohen Fremdkapitalisierung und häufig auch dem Zeithorizont. Die meisten Hedgefonds sind in Steuerparadiesen und an exotischen Standorten wie den Cayman Islands oder den Bermudas beheimatet, eben da, wo man sich gemütlich und unbeaufsichtigt niederlassen kann. Mit der mangelnden Aufsicht geht eine erhebliche Risikobereitschaft einher. Hier wird nicht abgewogen investiert, hier wird gezielt darauf spekuliert, dass man mit seiner Markteinschätzung richtig liegt.

Hedgefonds sind ursprünglich gegründet worden, um unabhängig von den jeweiligen Marktgegebenheiten eine überdurchschnittliche Rendite zu erwirtschaften. Und so begann die Jagd nach dem sogenannten Alpha. Die übliche Marktrendite wird Beta genannt, Alpha ist der Prozentsatz darüber hinaus. Die Wortwahl ist bezeichnend für die grandiose Inszenierung und teilweise Selbstüberschätzung der Hedgefonds-Manager. Und weil es um Alpha geht, halten sich auch viele Hedgefonds-Manager für Alphatiere. Dafür bekommen sie eine traumhafte Gebühr, nämlich zwei Prozent für das Management und zwanzig Prozent Erfolgsbeteiligung. Kein Wunder, dass den Hedgefonds in den guten Zeiten das Geld zu den Ohren rauskam, hier wurden die höchsten Boni gezahlt und gewaltige Ausschüttungen vorgenommen. Jetzt, da schlechtere Zeiten angesagt sind, bröckelt die Zwei-plus-zwanzig-Regel, außerdem haben Hedgefonds im Abschwung nicht das gehalten, was man sich von ihnen versprochen hatte.

Ein ehemaliger Kollege von mir war sehr früh bei einem Ende der neunziger Jahre gegründeten Hedgefonds an leitender Stelle dabei. Es handelte sich um einen der ersten Londoner Hedgefonds, der nie besonders groß war, aber anscheinend erfolgreich. Ja, und dann wurde der Fonds Anfang 2009 liquidiert, und es stellte sich heraus, dass die Aktiva nicht nur nicht den Wert hatten, der in den Büchern angegeben war, sondern dass möglicherweise Unregelmäßigkeiten mit im Spiel gewesen sein könnten. Investoren haben Hunderte Millionen Dollar verloren. In der Presse wurde darüber spekuliert, ob sich dieser Fall zum ersten Londoner Hedgefonds-Betrugsfall ausweiten könnte. Was immer dabei herauskommen mag: Es war ein netter und verlässlicher Kollege, dessen Urteil ich immer geschätzt hatte. Ich weiß nicht, wie viel er bei diesem Fonds verdient hat, aber ich denke, dass seine Jahresvergütung zumindest in den guten Jahren bis zu fünfzigmal höher lag als die Vergütung, die er zuletzt im Banking pro Jahr erzielt hatte.

Politiker in Deutschland und generell auf dem Kontinent scheinen sich auf die Hedgefonds eingeschossen zu haben. Ich weiß nicht ganz, warum. Denn nicht die Hedgefonds haben die Katastrophe zu verantworten, sondern die regulierten Banken (und Firmen wie die große amerikanische Versicherungsgesellschaft AIG). Diese haben sich die desaströsen Geschäftsmodelle ausgedacht und umgesetzt, sie haben das riesige Rad mit Derivaten und Verbriefungen gedreht. Hier hat sich das systemische Risiko manifestiert, hier haben die Aufsichtsbehörden versagt. Nichts liegt mir ferner, als eine Lanze für die Hedgefonds brechen zu wollen, aber sowohl die Kritik am System als auch die Reformvorschläge sollten woanders ansetzen.

Richtig ist, dass vor der großen Bankenkrise viele Hedgefonds spektakuläre Gewinne eingefahren haben. Und so legten die meisten Pensions- und Investmentfonds denn auch einen Teil ihres Portfolios bei Hedgefonds an, auch viele klassische Vermögensverwalter rieten ihren Kunden, ein Gleiches zu tun. Da bei den Hedgefonds alles so gut lief, fingen die großen Banken und Investmentbanken an, ihre eigenen hausinternen Hedgefonds aufzubauen. Die Risikobereitschaft war die gleiche, und die Ergebnisse waren ähnlich. Die Geschäftsphilosophie musste dafür leider auch nicht besonders verändert werden.

Die meisten Banken, insbesondere die großen, die selbst im Investmentbanking tätig sind, haben ihren Eigenhandel, das heißt, sie betreiben eigene Abteilungen, in denen sie auf eigene Rechnung handeln. Das kann in Aktien, Renten, Devisen, Rohstoffen oder sonstigen Aktiva und deren Derivaten geschehen. Der Eigenhandel der Banken war in den guten Zeiten vor dem Crash erheblich ausgeweitet worden, man ging hohe Risiken ein. Es bedurfte daher keines mentalen Quantensprungs, um auch hausinterne Hedgefonds zu gründen. Manche Kritiker sagen, die schweizerische UBS oder die australische Macquarie Bank seien im Grunde nichts als ein riesiger Hedgefonds gewesen, und die anderen Großen seien auch nicht viel besser.

Zuletzt noch ein Wort zu den sogenannten Heuschrecken. Hierbei handelt es sich um Private-Equity-Gesellschaften, die häufig mit den Hedgefonds in einen Topf geworfen werden – zu Unrecht. Denn beide arbeiten mit einem völlig anderen Zeithorizont. Beim Hedgefonds geht es in der Regel um kurzfristige Ergebnisse, Private Equity rechnet mit einem Zeitraum von etwa drei bis sechs Jahren. Hedgefonds sind vornehmlich Investoren auf den Finanzmärkten, Private Equity investiert überwiegend in realwirtschaftliche Unternehmen und muss davon auch etwas verstehen. Gemeinsam ist ihnen allerdings die hohe Verschuldung, mit deren Hilfe sie eine höhere Eigenkapitalrendite erwirtschaften. Aber da stehen sie keineswegs allein, man braucht sich nur die Bilanzen der großen Universalbanken anzuschauen; bilanzielle Eigenkapitalquoten von zwei bis vier Prozent waren hier zuletzt der Durchschnitt, seit 2009 sind die Quoten wieder angestiegen, Die Deutsche Bank wies 2008 zeitweilig eine Eigenkapitalquote von lächerlichen 1,6 Prozent auf. Die starke Fremdfinanzierung haben alle genutzt, um die Eigenkapitalrendite und damit den Aktienkurs hochzujubeln – und damit letzten Endes die eigene Vergütung. Aber dazu später.

Wie sieht ein Banker aus?

Einem Außenstehenden, der durch die Londoner City geht oder bei Geschäftsbesprechungen durchs Schlüsselloch schaut, wird auffallen, dass die aktiven Finanzmanager

beinahe ausschließlich Männer sind. Daran hat sich in den
vergangenen drei Jahrzehnten nicht viel geändert. Als ich
als Neuling in London für meine damalige Bank potenzielle Kunden besuchte, hörte ich nicht selten: »Nett, dass Sie
gekommen sind, aber wo bleibt denn der Dr. Schmidt, für
den das Meeting arrangiert ist?« Die armen Finanzvorstände und Leiter der Finanzabteilungen, denen ich gegen-
übersaß, fühlten sich sichtlich unwohl, sahen wahrscheinlich zum ersten Mal eine Frau auf Augenhöhe. Im Nachhinein muss ich wohl zugeben, dass ich diesem Umstand
das eine oder andere Kundengeschäft zu verdanken hatte.

Von heute aus betrachtet, war auch der erste Lunch-
termin, den ich in der City hatte, reichlich komisch. Zwei
oder drei Tage nachdem ich in London angekommen war,
lud mich der Personalchef zu einem Gespräch ein, in dem
er mir erläuterte, wie es in der Bank so lief, worauf ich
bei der Arbeit zu achten hätte und was die Bank von mir
erwartete. Anschließend führte er mich in ein Restaurant,
das, wie ich später von meinen männlichen Kollegen hörte, »berühmt« war. Man stieg in einen ziemlich schum-
merigen Keller, und die ausschließlich weibliche Bedienung
war zwar nicht völlig barbusig, es gab da klitzekleine Fei-
genblätter, aber höchstens ein oder zwei Quadratmillime-
ter groß (vor dreißig Jahren war das noch sehr ungewöhnlich!). Anders als von ihm wahrscheinlich erwartet, fühlte
ich mich nicht im Geringsten provoziert, sondern schaute
mir das alles sehr interessiert an und dachte, ja in London
ist wirklich vieles anders, als du dir das vorgestellt hast,
Susanne. Meine Naivität war ausgeprägt und ein guter
Schild gegen Macho-Gehabe.

Am ehesten sieht man heute Frauen – angezogene! – bei den amerikanischen Banken, wo die Gleichstellung der Geschlechter etwas weiter fortgeschritten ist als in Großbritannien und auf dem Kontinent. Vor allem im Fondsmanagement gibt es eine Reihe von Frauen, die sehr erfolgreich sind; sie sind zwar immer noch wesentlich unterrepräsentiert, aber immerhin.

Von seiner Hautfarbe her ist der City-Manager weiß. Ganz vereinzelt gibt es welche, die ursprünglich asiatischer Herkunft sind; City-Manager afrikanischer Herkunft sind eine höchst seltene Ausnahme. Es gibt zwar viele schwarzhäutige Menschen in der City, aber die gehören zu den Putzkolonnen, die vor Tau und Tag anrücken und morgens um sechs oder sieben Uhr, nach getaner Arbeit, wieder nach Hause gehen.

In der City werden Chauvinismus und Rassentrennung täglich praktiziert. Natürlich ist das nicht das Ergebnis einer expliziten Personalpolitik, denn im Vereinigten Königreich gelten die gleichen EU-Gesetze zur Gleichbehandlung, herrscht die gleiche politische Korrektheit wie in Deutschland. Die Personalabteilungen in der City sind in diesem Punkt bestens geschult und vermeiden alles, was nach Diskriminierung aussehen könnte. Umso bemerkenswerter ist es, wie die City es schafft, ein weißer Männerklüngel zu bleiben.

Ein weiteres äußeres Merkmal von City-Managern ist das Alter. Ab 40 fängt man an, zum alten Eisen zu gehören, und wer nach dem 40. Geburtstag seinen Job verliert, macht sich zu Recht Sorgen, einen neuen zu finden. Die relative Jugend der Londoner City ist insofern erstaunlich, als hier Billionen umgesetzt werden und dieses unvorstellbar viele Geld – wie man jetzt leider sieht – eben auch den Bach runtergehen kann. Man sollte denken, Erfahrung im Bankgeschäft sei wünschenswert; Konjunkturzyklen haben schließlich über Jahrzehnte ähnliche Charakteristika, bei einem drohenden Abschwung müssen Warnzeichen rechtzeitig interpretiert, in der Talsohle müssen Kreditausfälle vermieden beziehungsweise abgearbeitet, Blasenbildung muss erkannt werden.

Aber in der City gelten andere Qualitäten mehr. Hier wird das Rad immer wieder neu erfunden. Junge Menschen glauben nicht, dass vieles Ähnliches im Prinzip schon mal da war, und machen lieber ihre eigenen Erfahrungen. Jugend glaubt an den Paradigmenwechsel, und der ist in den letzten Jahren vor dem Krach so oft und so nachdrücklich beschworen worden, dass man es schon gar nicht mehr hören konnte. Alles wird anders und schöner und gewinnträchtiger – beständig wachsende Volkswirtschaften weltweit für immer! Die Inflation ist tot, es lebe der Aktienmarkt! Die Rendite steigt unaufhörlich, wir haben einen höheren Produktivitäts- und Wachstumspfad erklommen als jemals zuvor – und wenn sie nicht gestorben sind, dann leben sie noch heute.

Der Glaube an den Paradigmenwechsel riss alle mit, auch viele von denen, die es eigentlich besser hätten wissen müssen. Jugendlicher Schwung und Elan sind zwar hilfreich, wenn es um neue Ideen, ums Zupacken und Ärmelaufkrempeln geht, aber ein abgewogenes Urteil basiert auf anderen Voraussetzungen. Hinzu kommt die physische Belastung: Die zum Teil extrem lange Arbeitszeit kann auf

Dauer nur von Menschen bewältigt werden, die jung und fit sind. Zwölf bis vierzehn Stunden im Büro, häufig auch am Wochenende, endlose Besprechungen, viele Auslandsreisen: Das schaffen Ältere auf die Dauer nicht – viele Junge allerdings ebenfalls nicht; es gibt nicht wenige Aussteiger und nachhaltig Stressgeschädigte. Auch der hohe Alkoholkonsum, der Gebrauch von Drogen und eine hohe Scheidungsrate kommen nicht von ungefähr.

Und Stress gibt es reichlich. Da ist der Druck, ein gutes Ergebnis vorzuweisen, und zwar so schnell wie möglich, denn Zeit ist Geld; also gibt es zusätzlichen Druck, die Konkurrenz schläft nicht. Viele aktive und erfolgreiche Händler sind mit Mitte dreißig dem Stress eines großen Handelsraums nicht mehr gewachsen und müssen sich ein anderes Betätigungsfeld suchen. Sie wechseln dann zum Beispiel ins Management eines Handelsraums (da muss man nicht mehr selbst handeln) oder zu einer kleineren Bank, wo der Handel nicht ganz so hektisch verläuft. Erfolgreiche, engagiert arbeitende City-Manager wirken häufig älter, als sie sind – Alkohol und Drogen mögen eine Rolle dabei spielen, mit Sicherheit aber der Schlafmangel.

Der Jugendkult der City mag auch ein Grund dafür sein, dass viele City-Manager arrogant sind. Viel Geld verdienen mündet nicht selten in Arroganz, und wenn man schon mit Ende zwanzig Hunderttausende verdient, kann das leicht den Charakter verbiegen. Für Bloomberg habe ich über die Jahre viele Interviews mit Vertretern der Finanzbranche geführt. Die Veränderung bei einigen der Erfolgreichen war erstaunlich. Manche haben es locker geschafft, innerhalb kürzester Zeit von einem netten Menschen zum arroganten Schnösel zu mutieren.

So kann ich mich gut an einen Analysten erinnern, den ich über einige Jahre hinweg immer wieder interviewt habe. Am Anfang war er vielleicht 26 oder 27 Jahre alt, intelligent, ehrgeizig und fleißig, und er machte in null Komma nichts Karriere. Er war lieb und nett und sehr schüchtern, musste vor dem Interview immer aufgetaut werden, erzählte dann von seiner Freundin oder den Eltern. Nach drei oder vier Jahren war nichts mehr mit Auftauen, da gab er aus dem reichen Schatz seiner Erfahrungen eine Weisheit nach der andern zum Besten, da hatte er zu allem eine Meinung, da gab es nichts, was er nicht wusste – und immer besser als alle anderen. Da war auch die Körpersprache wie ausgewechselt: Ich-bin-hier-der-Boss-was-kostet-die-Welt lautete die Botschaft.

Nach meiner Erfahrung tritt ein Fondsmanager typischerweise weniger aggressiv und arrogant auf als ein Investmentbanker. Das trifft allerdings nicht unbedingt auf diejenigen zu, die für die supergroßen, globalen Fonds arbeiten; auch bei denen kann man ausgeprägte Arroganz und elitäres Bewusstsein finden. Ich entsinne mich an eine ganze Reihe von Interviews, in denen sich meine Gesprächspartner gaben, als hätte die übrige Welt immer noch nicht lesen und schreiben gelernt und würde das wohl auch in absehbarer Zukunft nicht schaffen.

Das alles zeigt: Die City und das Investmentbanking sind nichts für Mauerblümchen. Hier gilt das Recht des Stärkeren. Wer am lautesten schreit, wird gehört. Dennoch, Teamwork ist beinahe überall unerlässlich, etwa

zwischen Analysten und Eigenhandel, zwischen der Akti-
en- und der Fondsverkaufsseite, bei Börsengängen und
Börseneinführungen, bei Fusionen und Übernahmen.
Teamwork wird auch immer wieder eingefordert, findet
aber leider oft nur dort statt, wo es die eigenen Ergebnisse
verbessert – und damit den eigenen Bonus oder das eigene
Gehalt.

Ich habe eine Reihe von Jahren in der Research-Abtei-
lung einer Investmentbank gearbeitet. Das waren von der
Sache her einige der interessantesten Jahre meines Berufslebens, aber was für ein Haifischbecken! Wenn ich abends
nach Hause kam, musste ich erst einmal die Messer aus
meinem Rücken ziehen, die mir einige freundliche Kollegen tagsüber reingerammt hatten. Da wurde mit harten
Bandagen gekämpft. Mancher hackte meinen Computer,
um aus meinen noch nicht veröffentlichten Analysen Ideen
zu klauen und als die eigenen zu verbraten. Da wurden
kritische Analysen, die dem Fondsverkauf nicht passten,
so lange zurückgehalten, bis die Skepsis zum Allgemein-
platz geworden war. Da wurde an meinem Stuhl gesägt,
bis die Säge zahnlos war. Da durfte man sich nicht die
Butter vom Brot nehmen lassen, sonst ging man unter. Die
Macht lag bei denen, die das Geld reinbrachten; wem das
nicht passte, der musste sich eben abends die Messer aus
dem Rücken ziehen und die Stuhlbeine erneuern.

Die Macht der Ellenbogen und das Recht des Stärkeren
führen auf der einen Seite zu einem Kampf jeder gegen jeden, auf der anderen Seite kann es schnell zu bloßer Ja-
sagerei kommen, zumal im Austausch und Umgang mit
Vorgesetzten. Ängstlichkeit kennt man auch in anderen

Branchen, überall, wo Hierarchien herrschen, aber in der Londoner City kann man eben jeden Tag vor die Tür gesetzt werden, und zwar mit sofortiger Wirkung. Nicht legal, versteht sich, aber in der Praxis eben doch, zumal die Abfindungen sehr weit über das gesetzliche Maß hinausgehen. Der Gesetzgeber hat festgelegt, dass für jedes Jahr im Unternehmen bis zu anderthalb Wochen Gehalt angerechnet werden, pro Woche maximal 350 Pfund für maximal zwanzig Jahre; 10 500 Pfund sind demnach der gesetzliche Höchstbetrag. Wenn der Arbeitsvertrag nichts anderes vorsieht, beläuft sich die normale Abfindung in der City jedoch auf sechs bis zwölf Monatsgehälter, häufig plus anteiligem Bonus. Die Tatsache, dass man jederzeit rausgeschmissen werden kann – wenn auch mit ordentlicher Abfindung –, lässt nicht wenige in heiklen Situationen verstummen.

Mit den Ellenbogen und der Arroganz geht eine seltsame Amoralität einher. Notabene: Amoral, nicht Unmoral! Es interessiert in der Finanzwelt einfach nicht, wie man von den Normalmenschen wahrgenommen wird, oder besser: Normalmenschen interessieren nur insofern, als ihr Verhalten in ökonomische Indizes eingespeist wird, die dann ihrerseits die Finanzmärkte beeinflussen. So belohnt die Börse normalerweise den Personalabbau bei einem Unternehmen, verheerende Naturkatastrophen werden häufig als Wachstums- und Wiederaufbauchancen gesehen. Nach dem Terrorangriff des 11. September 2001 meldeten sich schon am nächsten Tag die Analysten mit ihren Anlageempfehlungen aufgrund der veränderten Sachlage. Die Tatsache, dass der Bürger mit seinem Steuergeld und seinem Arbeitsplatz für die derzeitige Bankenkrise bezahlt, ficht die Hochverdienenden in der City schon überhaupt nicht an. Hier fühlt sich keiner betroffen; wer Schuldgefühle entwickelt, ist fehl am Platz.

Gründe für diese eigenartige Abkoppelung der City-Manager vom Empfinden eines durchschnittlichen Bürgers liegen nicht nur in den gewaltigen Geldmengen, die in der City täglich bewegt werden, und in der zum Teil exorbitanten Bezahlung. Die beinahe ausschließliche Beschäftigung mit den Märkten und dem, was die Märkte bewegt, führt zu einer Verengung der Wahrnehmung. Da wird die Finanzwelt zur alleinigen, allumfassenden Realität, Fragen des menschlichen Anstands werden irrelevant.

Die City schert sich auch nicht um das, was gestern war, schon gar nicht um schräges Geschäftsgebaren in der Vergangenheit. Was zählt, ist das Geschäft von heute. Ich hatte Ende der achtziger Jahre einen Firmenkunden, dessen Unternehmen in Schwierigkeiten geriet, es entstand der Verdacht, dass die Bücher geschönt waren. 1991 ging die Firma pleite unter Hinterlassung von über 130 Millionen Pfund Schulden. Der gleiche Gesellschafter besitzt heute wieder ein Unternehmen, und vor kurzem wurden ihm Hunderte von Millionen Pfund Kredit durch City-Banken zugesagt, denn er will ein großes Projekt in London bauen.

Solange die Compliance-Abteilung, die hausintern überprüft, ob sich das eigene Unternehmen und der Geschäftspartner gesetzes- und regelkonform verhalten, grünes Licht gibt, kümmert es keinen, welchen Ruf der Kunde oder der potenzielle Kunde genießt. Hauptsache, er sitzt nicht gerade im Gefängnis. Diese Haltung gilt nicht nur Kunden gegenüber, sondern auch gegenüber Kollegen und Wettbewerbern in der City. So wenig die Kunden oder die Kollegen nach moralischen Kriterien bewertet werden, so wenig wird auch das eigene Geschäftsgebaren hinterfragt. Gewissen ist ein Wort, mit dem die meisten in der City nichts anfangen können.

Das Persönlichkeitsprofil des City-Managers wird nicht zuletzt dadurch geprägt, dass er in erster Linie für das eigene Einkommen und die eigene Karriere arbeitet. Sich mit dem eigenen Unternehmen zu identifizieren ist eine Sache des letzten Jahrhunderts. Wer nur die eigene Vergütung im Kopf hat, dem fehlt jeglicher Stolz auf die eigene Bank, ihre Produkte und ihren Service. Als ich vor gut dreißig Jahren bei der Deutschen Bank angefangen habe, gab es das noch: Stolz, für ein solches Haus arbeiten zu dürfen. Aber damals hatte man auch Grund dazu, zumal die Banken insgesamt sich noch in vieler Hinsicht verantwortlich fühlten für das Gemeinwesen. Für die heutigen Vorstände zählen Eigenkapitalrendite und Shareholder-Value, denn das vor allem bringt die eigene Vergütung nach oben.

Kasinomentalität, Herdenverhalten und andere Gemeinsamkeiten

Es hat sich durchgesetzt, von der Kasinomentalität im Finanzsektor zu sprechen. Ein hinkender Vergleich, denn im Kasino spielt man mit dem eigenen Geld, nicht mit dem fremder Leute. Spieler können dort Haus und Hof verzocken, sich um Kopf und Kragen bringen. Sie tun das, weil sie süchtig sind.

Sucht ist auch die Krankheit, die in der City endemisch vorkommt. Ich meine nicht die eben schon erwähnte Sucht nach weichen oder harten Drogen. Nein, ich meine die Sucht nach Marktteilhabe, und diese Sucht ist in der City extrem weit verbreitet: Liege ich richtig mit der Positionierung, die ich eingegangen bin, mit der Empfehlung, die ich ausgesprochen habe, mache ich Geld oder verliere ich, mache ich mehr Geld als mein Konkurrent? Und dann sind da der Kick, der Stress und das Erfolgsgefühl, wenn ein seit längerem eingefädeltes Geschäft endlich umgesetzt wird und die entsprechende Kommission in die Bankkasse fließt. Oder das bange Hoffen auf den nächsten Tag, wenn ich heute falsch gelegen habe: neues Spiel, neues Glück! Letztlich mündet alles in den Bonus, und der kann ebenfalls süchtig machen.

Ich selbst habe ein bisschen Stress immer als anregend empfunden; ein bisschen unter Strom stehen, das bringt Schwung in die Bude, das verscheucht etwaige Langeweile. In den letzten Jahren habe ich mich auch einer gewissen Marktfaszination nicht entziehen können. Wie stehen DAX, Bunds, Euro, Öl? Das hatte ich ständig im Auge und fand's häufig spannend.

Dafür gab es wohl zwei Gründe. Erstens musste ich von Berufs wegen wissen, wie sich die Märkte täglich entwickelten. Von daher war es unumgänglich, die Entwicklungen des Tages auf dem Bildschirm zu haben. Aber zweitens befürchtete ich schon 2006, dass das riesige Derivate- und

Verbriefungsrad, das sich exponentiell vergrößert hatte, zusammenbrechen und ein systemisches Risiko nach sich ziehen würde. Dabei hatte ich die Hedgefonds als systemisches Risiko im Auge und nicht etwa die regulierten Banken, bei denen dieses Risiko dann offenbar wurde; außerdem dachte ich, es würde vor allem die Aktienmärkte treffen, es waren dann aber die Kreditmärkte, die am stärksten betroffen waren. Alles in allem hatte ich den richtigen Riecher, aber die Konsequenzen zog ich viel zu früh: Im Mai 2006 verkaufte ich mit einem Schlag sämtliche Aktienpositionen, die ich auf meinem »Sparkonto« hatte. Da ich selbstverständlich irgendwann einmal wieder einsteigen wollte, beobachtete ich die Marktentwicklung weiterhin sehr genau – und auch das würde ich im Nachhinein als eine wenn auch milde Form der Sucht bezeichnen, die Sucht, permanent online zu sein.

Die Tatsache, dass man es in der City immer wieder mit denselben Menschen zu tun hat, dass alle dieselben Informationen zeitgleich auf dem Bildschirm haben, die stündlichen Kurznachrichten, die endlosen Nachrichtenschleifen mit Zitaten von Leuten, von denen man viele persönlich kennt: all das dient der Autosuggestion und sorgt für jene behagliche Clubatmosphäre, die einen vergessen lässt, dass es außerhalb der City noch eine andere Realität gibt.

Apropos Bildschirm: Der Blackberry ist das unerlässliche Markenzeichen eines jeden City-Bankers. Er ist immer eingeschaltet, so dass man überall auf dem Globus und zu jeder Tages- und Nachtzeit seine Bloomberg- oder Reuters-Daten in Echtzeit zur Hand hat und natürlich auch erreichbar ist. Der Blackberry unterstützt die Sucht nach

Informationen. Als er auf den Markt kam, war er ein Statussymbol. Jetzt, wo ihn jeder hat, wird sich die IT-Branche bald etwas Neues einfallen lassen müssen. Ich würde mich nicht wundern, wenn bald eine wasserdichte Version auf den Markt käme, so dass man das Ding auch noch mit unter die Dusche oder in den Pool nehmen kann.

Den Bankern wird ihr Herdenverhalten vorgeworfen. Wie Lemminge laufen sie in die eine oder die andere Richtung – und wie Lemminge stürzen sie auch über die Klippe. Das gilt für alle: für die Händler, die Analysten, die Fondsmanager. Kaum je steckt einer seinen Kopf heraus und ruft, er werde jetzt eine andere Richtung einschlagen. Zum einen ist es menschlich, mit dem Strom zu schwimmen. Zwar wird man kein überdurchschnittliches Ergebnis erzielen, wenn man so agiert wie alle anderen auch, aber eben auch kein ganz schlechtes. Wenn zum Beispiel der DAX um 20 Prozent fällt und das von einem Fondsmanager verwaltete Aktienportfolio um etwa den gleichen Wert, geht die Welt nicht unter. Aber wenn derselbe Manager eine eigene Meinung hat und diese auch durchsetzt und dann das Portfolio um 30 Prozent fällt, kann er seinen Hut nehmen. Das Herdenverhalten ist ein wunderbares Sicherheitsnetz, und Individualismus wird im Banking vielleicht noch eher bestraft als in der Realwirtschaft. Eine abweichende Meinung dürfen sich nur Menschen erlauben, die in herausgehobenen Positionen arbeiten, beziehungsweise nur die, die zusätzlich mit wirklich gesundem Selbstbewusstsein ausgestattet sind.

Zum anderen gibt es bei den Banken die Meinung »des Hauses«. Das ist das Kondensat aus sämtlichen Analystenprognosen der Bank, als da wären: Prognosen über globale und nationale volkswirtschaftliche Entwicklungen, über Währungsrelationen, Industrietrends, unternehmensspezifische Prognosen, Prognosen über Investorenverhalten und so weiter. Nicht nur der Einzelne, auch die Banken als solche unterliegen dem Herdenverhalten, insbesondere, wenn es sich um kleinere Häuser handelt – auch diese suchen ihr Sicherheitsnetz. Eine vom Konsens wesentlich abweichende Hausmeinung wird man noch am ehesten bei den großen Banken finden.

Zu guter Letzt: Hat die City eine politische Meinung? Banker gelten gemeinhin als konservativ. Ihre politische Einstellung ist jedoch eher instinktiv, nicht unbedingt rational: Wer der City Wohltaten angedeihen lässt, der wird gewählt. Von dieser Grundhaltung wusste auch die Labour Party in den Neunzigern, als sie sich anschickte, endlich wieder die Regierung zu übernehmen. Sie startete die legendäre »Krabbencocktailoffensive«, eine Charmeoffensive, um die City-Granden davon zu überzeugen, dass Labour keine sozialistischen Ideen durchsetzen werde und die Londoner City weiterhin unbehelligt ihren Geschäften nachgehen könne. Regelmäßig trafen sich Labour-Vertreter mit City-Größen zum Lunch – deshalb »Krabbencocktail« –, und die Anstrengung lohnte sich. Im entscheidenden Wahlkampf Anfang 1997 kamen aus der City kaum noch Querschüsse. Die Regierung Blair hat dann alles vermieden, was die City hätte verärgern können. Erst mit dem Ausbruch der Finanzkrise, der Verstaatlichung der Banken und dem Aufschrei der Bevölkerung über die Höhe der gezahlten Boni änderte sich die Politik. Dennoch, Finanz-

minister Alistair Darling geht eher behutsam mit der geplanten Einführung neuer Aufsichtsmaßnahmen um, die
britische Regierung gibt sich gelassen, sie will die Bedeutung des Finanzplatzes London nicht gefährden. Generell,
so viel ist im Ergebnis festzuhalten, bleibt die City apoli-
tisch, ihre notorische Amoralität und ein irgendwie gearte-
tes politisches Engagement passen nicht zusammen.

Das Vergütungssystem

Jobs im Backoffice und bei den kleineren Häusern werden
in der Regel ordentlich, aber sicher nicht exorbitant bezahlt – Millionengehälter sind nicht drin. Die Mehrzahl
der hier Tätigen verdient wahrscheinlich zwischen 30 000
und 70 000 Pfund pro Jahr. Als Faustregel gilt: Je näher
der Job am Markt und an den Abschlüssen ist, umso besser wird er bezahlt. Wer aktiv Geschäfte macht oder als
marktnaher Analyst berät, bezieht die hohen Gehälter, bei
denen die Boni in schwindelerregende Höhe schießen können; das Grundgehalt ist dabei relativ unbedeutend. Erfolgreiche Hedgefonds-Manager bilden häufig noch eine
Einkommensklasse für sich.

Die katastrophale Entwicklung im globalen Finanzbereich ist wesentlich an den falschen Gehaltsanreizen fest-
gemacht worden. Ich bekomme den Bonus für ein Geschäft, das ich gestern abgeschlossen habe, heute, auch
wenn das zugrunde liegende Risiko jahrelang bestehen
bleibt. Sollte sich das Geschäft irgendwann einmal als Ver-

lust erweisen, brauche ich meinen Bonus nicht zurückzu-
zahlen. Den Verlust trägt die Bank beziehungsweise deren
Aktionäre – und im Extremfall der Staat.

Nun sind kurzfristiges Denken und die desaströsen
Bonusanreize nichts Neues. Ich kann mich noch gut an
Kollegen aus den achtziger Jahren erinnern, die genau
wussten, dass ihre neu vergebenen Kredite durchaus wackelig werden könnten. Aber das focht keinen an. Die ein-
maligen Vorabgebühren wurden nicht amortisiert, sondern
gingen sofort in die Gewinn-und-Verlust-Rechnung der
Bank ein; damit erhöhte sich automatisch der Jahresbo-
nus – und zwar für sämtliche Hierarchiesprossen nach
oben. Niemanden schien es zu bekümmern, dass diese
Kredite langfristig liefen und auch bedient und zurückgezahlt werden mussten. Sollten sie faul und notleidend
werden, konnte man ja immer noch den Arbeitgeber
wechseln. So lief es damals, so läuft es heute, und ich denke, so wird es im Prinzip auch noch einige Jahre länger
laufen.

Solange die Bonuskultur nicht grundlegend verändert
wird, werden wir als Steuerzahler auch weiterhin für
mögliche künftige Bankpleiten und systemische Risiken
bereitzustehen haben. Das Argument, mit dem die Bank-
bosse die Bonikultur verteidigen, ist völliger Unfug. Sie
behaupten, dass ohne Bonuszahlungen die guten Leute
zur Konkurrenz abwanderten. Nein, die Wahrheit ist, sie
würden sich ins eigene Fleisch schneiden, würden sie das
System grundlegend verändern. Sie selbst werden doch
genauso bezahlt, und wer gräbt sich schon selbst das Wasser ab?

Meistens sind im Bonus Aktienoptionen enthalten. Die müssen vor Ausübung zwar für eine gewisse Zeit gehalten werden, aber es ist völlig gleichgültig, ob sich die dem Bonus zugrundeliegenden Geschäfte in der Zwischenzeit als wackelig oder gar abschreibungsbedürftig erwiesen haben. Der Sommer und Herbst 2009 haben uns gezeigt, dass die Banken, die nicht teilweise oder ganz in staatlichem Besitz sind – und zum Teil selbst diese –, gar nicht daran denken, freiwillig irgendetwas an ihrer Vergütungspolitik zu ändern.

Nach dem Londoner Big Bang im Oktober 1986 hatten sich zunehmend amerikanische Banken in der City angesiedelt, und mit ihnen kamen aggressivere Geschäftspraktiken: längere Arbeitszeiten, kurze und alkoholfreie Kundenlunches – und die Bonuskultur, wie wir sie heute kennen. Diese breitete sich dann auch auf dem Kontinent aus, wenngleich in einer etwas milderen Form.

In der City wurde es stets als selbstverständlich angesehen, dass viel und fleißig gearbeitet wurde und dass die Dinge gut liefen. Das ist noch immer so. Es wird davon ausgegangen, dass sich alle dem Komment entsprechend verhalten, verlässlich und professionell arbeiten. Dass diese Professionalität die Krise entscheidend mit verursacht hat, steht auf einem anderen Blatt. Beständiger Einsatz, das Hintanstellen des Privatlebens, keine Anzeichen von Laxheit und das Streben nach einem guten Abschluss: Vieles davon wird auch in anderen Berufen als selbstverständlich vorausgesetzt, aber in der City sind die Erwartungen extrem hoch. Viele Banker arbeiten nach dem Prinzip, das mit einem unschönen amerikanischen Ausdruck als »Twentyfour-seven« bezeichnet wird – 24 Stunden, 7 Tage in der Woche. Dafür gibt es kein besonderes Lob, das wird nicht weiter kommentiert. Man muss eine ausgeprägte Fähigkeit zur Selbstmotivation besitzen, sonst wird man angesichts solcher Arbeitsbedingungen unzufrieden und trübsinnig.

Da man sich aber irgendwie an den Kollegen messen möchte und sich auch gegenüber der Konkurrenz beweisen will, Auszeichnungen über Zuspruch und virtuelle Schulsternchen aber nicht erfolgen, muss das Ranking über das Einkommen definiert werden. Der Bonus ist einmal im Jahr sozusagen Lob oder Tadel, und wer wird nicht gern gelobt? Dieser menschlich durchaus verständliche Hang mag ein zusätzlicher Grund für die Fokussierung auf den Bonus sein.

Um Gehalt und Bonus nachhaltig zu erhöhen, muss planmäßig Jobwechsel betrieben werden, zumal wenn man noch jünger ist. Deshalb wechseln viele Banker nach zwei bis fünf Jahren den Arbeitgeber. Das führt dazu, dass man über die Jahre immer wieder dieselben Leute trifft; nur arbeiten sie heute für eine andere Bank als gestern und morgen für eine andere als heute.

Häufige Jobwechsel und die Tatsache, dass man es immer wieder mit denselben Menschen zu tun hat, führen dazu, sich mit Kritik, sei es an der eigenen Firma, sei es an einem Konkurrenzinstitut, zurückzuhalten. Da die City klein ist, könnten die Kritisierten nämlich leicht die künftigen Vorgesetzten werden, und da ist Vorsicht geboten. Außerdem braucht jeder Bewerber beim Jobwechsel zwei Gewährsmänner. Der neue Arbeitgeber verlangt nicht nur ein Zeugnis vom alten, sondern auch eine Art Leumundszeugnis von zwei Kollegen, die den Bewerber schon länger in seinem beruflichen Umfeld kennen. Auch deshalb muss man aufpassen, nicht auf zu viele Füße zu treten.

Kapitel III
Andere Akteure

Die Notenbanker

Nicht nur in Deutschland, wo die Bundesbank über Jahrzehnte den allergrößten Respekt genoss, wurden die Notenbanker verehrt. In der internationalen Finanzwelt galt die Verehrung in den Jahren vor der Krise vor allem einem Mann: Alan Greenspan, dem langjährigen Chef der amerikanischen Notenbank (1987–2006). Er stand der größten Notenbank der Welt vor, und er war ein ganz besonderer Freund der Finanzmärkte. So vertrat er standhaft die These der sogenannten Selbstheilungskräfte des Marktes und lehnte eine starke Einmischung des Staates und der Aufsichtsbehörden ab. Er hielt die Zinsen über viele (zu viele) Jahre niedrig, und er war der Ansicht, dass Notenbanken etwaige Blasen (wie sie sich zum Beispiel auf den Kreditmärkten oder bei den amerikanischen Wohnimmobilien abzeichneten) nicht beachten sollten.

Greenspan war davon überzeugt, dass niemand wirklich beurteilen könne, ob Preissteigerungen in einer bestimmten Anlageklasse Blase oder gerechtfertigte Werterhöhungen seien. Von Blasenbildung könne immer nur im Nachhinein gesprochen werden, nämlich dann, wenn sie sich durch ihr Platzen als solche zu erkennen gegeben haben. Folglich gebe es für die Notenbanken auch nur eine

Verantwortung im Nachhinein, nämlich die negativen
Auswirkungen auf die Finanzmärkte und die Volkswirtschaft zu beseitigen (wie das zum Beispiel nach dem Platzen der Dotcom-Blase 2000 geschah). Wenngleich es sich
in der Praxis als schädlich herausgestellt hat, verfügte
Greenspan immerhin über ein in sich schlüssiges theoreti-
sches Konzept.

Leider machte sich auch die Europäische Zentralbank
die Haltung Greenspans über Jahre zu eigen. Aufgrund der
verheerenden Folgen nach dem Platzen der US-Immo-
bilienblase scheint sich in dieser Hinsicht allerdings eine
Veränderung abzuzeichnen. Heute wird von sehr vielen
Nationalökonomen und wirtschaftlich Verantwortlichen
diesseits und jenseits des Atlantiks akzeptiert, dass eine
Blasenbildung sehr wohl von Notenbanken beobachtet
und gegebenenfalls beseitigt werden muss.

Auch auf anderen Gebieten erwies sich Greenspan als
außerordentlich liberal. Als um die Jahrtausendwende
eine der amerikanischen Aufsichtsbehörden einen Anlauf
nahm, Derivate künftig der behördlichen Aufsicht zu
unterstellen, lehnte Greenspan das ab. Einen gravierenden
negativen Einfluss hatte auch der sogenannte Greenspan-
Put. Ein Begriff, der dem Glauben der Finanzmärkte Rechnung trug, der Chef der Fed werde in Krisenzeiten die Zinsen stets deutlich nach unten schleusen. Das hatte die Fed
mehrfach bewiesen, so nach dem Aktienmarkt-Crash von
1987, nach dem zweiten Golfkrieg, nach der Tequilakrise
(der mexikanischen Finanzkrise Mitte der Neunziger), der
Beinahepleite des großen Hedgefonds Long-Term Capital
Management (LTCM) und natürlich auch nach der Dot-

com-Blase 2000 und den Terrorattacken 2001. Dieser feste Glaube führte zu einer erheblichen Asymmetrie im Kursrisiko verschiedenster Anlageklassen, denn durch Greenspans Zinspolitik war vermeintlich ein Boden gezogen. Die Folge des Greenspan-Puts – Zinssenkung in schlechten Zeiten, aber keine Erhöhung in guten oder bei vermuteter Blasenbildung – war eine dauerhaft zu hohe Liquidität an den Märkten.

In der City hatte man sich die Effekte des Greenspan-Puts schnell zu eigen gemacht; er wurde zunehmend als etwas Selbstverständliches gesehen, als etwas, das einem gewissermaßen zustand. Ich werde nie die Aussage eines Fondsmanagers im Bloomberg-Interview vergessen, als er auf die Frage, ob Greenspan nicht daran gelegen sein sollte, diese Asymmetrie aufzuheben, antwortete: »Wieso? Das wäre doch schlecht für uns und die Märkte.«

Für die Finanzwelt war das absolut optimal, und folglich wurde Greenspan wie ein Halbgott verehrt. Noch im Sommer 2008 – zwar vor der Lehman-Pleite, aber doch zu einem Zeitpunkt, als die Krisensituation schon hinlänglich offenbar war – waren sein Nimbus und der seiner Geldpolitik, die doch den Grundstein für die Krise gelegt hatte, ungebrochen. Ich nahm damals an einem hochkarätig besetzten Seminar zum Finanzdebakel teil. Für meinen Diskussionsbeitrag, dass doch bitte sehr nicht nur die Banker, sondern auch die Notenbanker eine Mitschuld an der Misere trügen, erntete ich eisiges Schweigen. Da kratzte doch glatt jemand am Lack.

Jetzt ist der Lack ab, die Kritik an Greenspan ist sehr laut geworden. Es gab auch schon in früheren Jahren Kritik, insbesondere auch aus akademischen Kreisen, aber das war beileibe nicht die vorherrschende Meinung; in der City wurden solche gelegentlichen Zwischenrufe als überflüssige und weltfremde Einmischung empfunden. Wie denn überhaupt das Verhältnis von Bankern und Notenbankern zu Akademikern nicht spannungsfrei ist. Diese denken mittel- und langfristig, in ihren Überlegungen und Modellen agieren die Marktteilnehmer als rationale Wesen (obwohl die Prämisse von der »Rationalität« ökonomischen Handelns im Zuge der Krise erheblich gelitten hat). Die anderen, die Banker, leben und agieren in einem Zeithorizont von häufig nicht mehr als drei Monaten und wissen sehr genau, wie irrational Märkte reagieren können. Was die Skepsis von Bankern gegenüber Wissenschaftlern angeht, muss man außerdem fairerweise hinzufügen, dass akademische Studien und Ratschläge in der Regel eine Orientierung an langfristigen Zielen verlangen, die Probleme der praktischen Umsetzung aber häufig unbeantwortet lassen.

Trotz der Krise und ihrer gravierenden Folgen hoffen die Finanzmärkte darauf, dass der jetzige US-Notenbankchef, Ben Bernanke, es seinem Vorgänger gleichtun werde und zum Wohle der Aktienmärkte weiterhin eine lockere Geldpolitik betreibe. Bernanke hat sich schon lange den Spitznamen »Helikopter Ben« erworben: Regierungen könnten jeder Deflation begegnen, und sei es, indem sie Geld drucken und aus Hubschraubern abwerfen (die Idee selbst stammt von Nobelpreisträger Milton Friedman, der sie als Erster propagierte). Man wird abwarten müssen, wie und wann die Fed wieder zu einer »normalen« Geldpolitik zurückkehren und insbesondere auch ihre eigene, durch die kurzfristig eingeräumten Sonderkredite total aufgeblähte Bilanz auf ein Normalmaß zurückfahren wird.

Zwar hatte Bernanke noch kurz vor seiner Nominierung im Oktober 2005 erklärt, dass die stark angestiegenen Wohnimmobilienpreise in den USA »zum großen Teil fundamentale wirtschaftliche Gegebenheiten widerspiegelten«, und explizit verneint, dass hier eine Blase entstanden sei, aber als er Anfang 2006 sein Amt antrat, waren das Derivaterad und der Immobilienmarkt glühend heiß. Zu beiden Phänomenen hat er sich erst kritisch geäußert, als der Finanzmarkt schon lichterloh brannte. Von einem mäßigenden Einfluss konnte bei ihm jedenfalls keine Rede sein. Noch Anfang Januar 2010 wies er es weit von sich, dass die lockere Geldpolitik von grundlegender Bedeutung für die Blase auf dem Immobilienmarkt und damit für die nachfolgende Finanzkrise gewesen sei. Der Fehler habe bei anderen gelegen, nicht bei seiner Behörde – und schon gar nicht bei ihm selbst.

Bei Bloomberg übertrugen wir immer live die sogenannten Anhörungen des Notenbankchefs, die periodisch vor dem US-Kongress-Ausschuss stattfinden. Da saß man dann als Moderatorin im Studio und hörte zu, was Alan Greenspan und später dann Ben Bernanke zu sagen hatten. Ihre Sprache war stets der besten Diplomatenschule würdig. Jede Formulierung wurde mit Bedacht gewählt, denn die Devisen-, Bond- und Geldmärkte reagierten und reagieren sofort, beinahe zeitgleich, auf jede noch so kleine Abweichung von dem, was sie erwarten. Greenspans Verklausu-

lierungen waren ein Kapitel für sich: gedrechselte, hoch-
komplexe Sätze, die man am besten schriftlich vor sich
liegen haben musste, um zu begreifen, was er eigentlich
sagen wollte. Daher sein Ruf, ein Orakel zu sein. Greenspan nahm es mit Selbstironie. »Ich glaube, ich sollte Sie
warnen: Wenn ich mich besonders klar ausgedrückt habe,
dann haben Sie wahrscheinlich missverstanden, was ich
wirklich gesagt habe«, lautete eines seiner berühmtesten
Zitate. Die arme Moderatorin im Studio musste zum
Schluss der Übertragung das Gesagte zusammenfassen –
da konnte man ganz schön ins Schwitzen kommen.

Ben Bernanke, eine Generation jünger als Greenspan,
ist ein ganz anderer Typ. Sein beruflicher Hintergrund ist
die akademische Lehre, er war Hochschulleher und ist
ausgewiesener Fachmann für die Große Depression in den
Dreißigern. Und wie ein Professor sieht er auch aus, an der
Wall Street oder in der City findet man solche Leute nicht:
Der graue Bart, der seine gesamte untere Gesichtshälfte
bedeckt, betont zusätzlich, dass es oben auf dem Kopf gar
keine Haare mehr gibt. Nicht nur wegen der Farbe des
Barts erscheint er etwas farbloser als Greenspan, aber auch
ihm wird Selbstironie bescheinigt. So soll er sich häufig
über seine zerknitterten Anzüge lustig machen, und soweit
man das im Fernsehen richtig sehen kann, tut er das nicht
zu Unrecht. Während Bernanke also eher dem akademischen Denken verhaftet ist, kannte Greenspan die Wall
Street schon vor seiner Ernennung zum Notenbankchef
bestens, er hatte dort unter anderem verschiedene Direk-
torenmandate innegehabt und wusste, wie die Leute denken und handeln.

Vergleicht man die amerikanische Notenbank mit der Bank of England, stellt man als Erstes fest, dass diese politisch weit weniger unabhängig ist als die amerikanische Fed, dennoch ist sie seit 1997 quasiautonom. Zwar gibt ihr der britische Finanzminister das Inflationsziel vor, aber wie sie es erreicht, bleibt ihr überlassen. Weicht sie um mehr als einen Prozentpunkt nach oben oder unten ab, muss der Bankchef einen offenen Brief an den Finanzminister schreiben und die Gründe darlegen. Beschlüsse werden vom Geldpolitischen Rat gefasst, der aus neun Mitgliedern besteht, fünf aus der Bank und vier Externen, die von der Regierung ernannt werden.

Die Bank of England liegt in der Mitte der City und sieht mit ihren hohen fensterlosen Außenmauern wie eine Festung aus. Gegründet wurde sie 1694, seit 1734 ist sie in der Threadneedle Street angesiedelt. Deshalb wird sie auch häufig »The Old Lady of Threadneedle Street« genannt. Warum Old Lady? Eine Anekdote sagt, im 19. Jahrhundert sei ein Angestellter der Bank wegen Betrugs hingerichtet worden. Seine Schwester wurde daraufhin wirr im Kopf und ging über Jahrzehnte immer wieder zur Bank of England und fragte nach ihrem Bruder. Nach ihrem Tod wurde sie innerhalb des Bankareals begraben, und nun soll es dort spuken – wenn das keine passende Geschichte für eine Notenbank ist! Eine andere Erklärung schreibt den Ausdruck einem politischen Cartoon von 1797 zu. Da saß die Bank als alte Dame auf einer Truhe, in der sie ihren Goldschatz verborgen hatte, und wurde von einem goldgierigen Politiker amourös umworben.

Ich war nur zweimal anlässlich von Seminaren im Ge-

bäude der Bank of England und war amüsiert, was sich da
abspielte. Da wurde jeder Gast einzeln von einem livrier-
ten Diener ehrerbietig in das Konferenzzimmer geführt,
damit er auch ja nicht vom rechten Pfade abwich und vielleicht gar einen Goldbarren mitgehen ließ. Die Livreen
waren wunderbar altmodisch, viel Rosa und Lila. An die
Seminare kann ich mich nicht mehr erinnern, die Livreen
haben mir mehr Eindruck gemacht. Genauso wie die britische Monarchie und der britische Staat pflegt auch die
Bank of England ihre Traditionen.

Der derzeitige Gouverneur der Bank, Mervyn King, war
2008 ähnlich wie seine internationalen Kollegen nicht auf
die Schärfe und das Ausmaß des Finanzkrachs vorbereitet.
Aber anders als ihnen, anders als insbesondere der Fed,
waren ihm der rücksichtslose Eigennutz, den die Banken
betrieben, und die schamlose Ausnutzung des Moral Hazard ein Dorn im Auge. So war er zunächst nicht bereit,
das Bankwesen durch kurzfristige Sonderkredite heraus-
zupauken. Auch seine Auslassungen zur Reform des Ban-
kenwesens zeugen von einer sehr viel distanzierteren Haltung zu den Banken, als das bei den meisten seiner internationalen Kollegen der Fall ist.

Die Europäische Zentralbank in Frankfurt stand lange
im Fokus der angelsächsischen Kritik, nicht zuletzt wegen
des sogenannten Zwei-Säulen-Systems, das zur Beurteilung der Lage sowohl monetäre als auch nichtmonetäre
Indizes analysiert, während viele andere Notenbanken,
insbesondere die Fed, den monetären Indizes weniger Ge-
wicht beimessen. In der City konnte man über die Jahre
viele herabsetzende Kommentare hören nach dem Motto,

na ja, schon wahr, die Bank ist noch jung, muss noch ihre Glaubwürdigkeit beweisen, aber muss sie denn so hausbacken, umständlich und retrospektiv agieren, das schadet doch der Wirtschaft. Man schaue sich nur Herrn Trichet an: Was kann man von einem so grauen französischen Karrierebürokraten schon erwarten? Es waren die deutschen Volkswirte in der City, die dagegenhielten, denn die meisten von ihnen hatten ihre formativen Jahre vor Einführung des Euro, das heißt noch in der Ära einer unabhängigen Bundesbank, erlebt. Und die EZB ist nun einmal nach der früheren Bundesbank modelliert.

Die angelsächsische Kritik an der EZB ist im Zuge der Finanzmarktkrise allerdings immer leiser geworden, ja fast in Bewunderung umgeschlagen. Jetzt heißt es, dass die EZB eigentlich sehr smart agiert habe, und ihr Chef, Jean-Claude Trichet, genießt inzwischen höchsten internationalen Respekt. Dazu hat wohl auch beigetragen, dass seine Stellung als Primus inter Pares innerhalb der Bank heute unangefochten scheint. Seine Berufung hatte ja unter keinem guten Stern gestanden, im Vorfeld war es zu einem ziemlich unwürdigen Gerangel gekommen. Der damalige französische Staatspräsident Chirac wollte 1997 unbedingt einen Franzosen als Ersten im Amt wissen, nämlich Trichet. Der damalige Bundeskanzler Kohl und die meisten seiner europäische Kollegen wollten den Niederländer Wim Duisenberg. Ein Kompromiss wurde darin gefunden, dass Duisenberg berufen wurde, aber versprechen musste, nach der halben Amtsperiode seinen Stuhl für Trichet freizumachen. Dann zogen dunkle Wolken über Trichet auf, er wurde der Beihilfe zur Bilanzfälschung bei der französi-

schen Crédit Lyonnais angeklagt. Davon wurde er Mitte
2003 freigesprochen, und so stand seiner Berufung im
November des gleichen Jahres nichts mehr im Wege.

Die Aufsichtsbehörden

Überall auf der Welt gibt es spezielle Aufsichtsbehörden
für die Finanzdienstleister. Ihr besonderes Augenmerk
richten die Aufpasser dabei auf die großen Banken und
Versicherungsgesellschaften. In den meisten Ländern üben
neben diesen Behörden auch die Notenbanken selbst
Aufsichtsfunktionen aus. Deshalb hätte man eigentlich
erwarten dürfen, dass irgendeine dieser vielen Aufsichtsbehörden den Braten gerochen und uns vor der Krise und
ihren Folgen bewahrt hätte, das ist schließlich ihre Aufgabe. Dass dem nicht so war, dafür gibt es mehrere Gründe.
   Die Aufsichtsbehörden bezahlen ihre Angestellten mittelmäßig, also werden auch nur mittelmäßige Talente
angeheuert. Die Cleveren gehen lieber in die City oder an
die Wall Street. Nun wird zum Beispiel auch in der Politik nur mittelmäßig bezahlt, jeder City-Händler, der etwas
auf sich hält, verdient ein Vielfaches des Einkommens, das
der Premierminister erhält. Aber in der Politik kann man
etwas bewegen, etwas entscheiden, eigene Ideen durchsetzen, hat große Verantwortung und Macht – das alles kom-
pensiert. Auch Idealismus, die Freude an der Arbeit, das
Gefühl, sein eigener Herr zu sein, und vieles andere können ein geringeres Gehalt kompensieren. Nur die Arbeit

bei einer Aufsichtsbehörde scheint niemanden zu verlocken. Generell hinken sie den Innovationen und dem intelligenten Sachverstand der Finanzwelt hinterher; Bürokratie versus Flexibilität, klar, wer da die Oberhand behält.

Das war übrigens früher auch schon so. Als ich noch im Banking tätig war, kamen einmal im Jahr die Buchprüfer im Auftrag der Bankenaufsicht ins Haus, um zu begutachten, dass auch alles rechtens lief. Das war immer eine lästige Prozedur. Da musste man den Leuten erst langwierig erklären, was Sache war, und es war nicht besonders hilfreich, dass es sich häufig um Berufsanfänger handelte. Wenn man keine Zeit oder Lust hatte, dann erklärte man eben nicht so viel; dann tappten die armen Kerle im Dunkeln und haben es, wie ich glaube, nicht einmal gemerkt. Ich will diese Erfahrung nicht verallgemeinern, aber seither habe ich eine gesunde Portion Respektlosigkeit vor solchen Behörden; was wir seit dem Spätsommer 2009 über die eklatanten Versäumnisse der amerikanischen Aufsichtsbehörde SEC (Securities and Exchange Commission) im Falle des Betrügers Madoff wissen, bestärkt mich in meinem Urteil.

Aber so bürokratisch und mittelmäßig Aufsichtsbehörden auch sein mögen, man muss ihnen einen geeigneten gesetzlichen Rahmen schaffen und ihre Aufgaben klar definieren. Nicht zufällig hat der Chef der deutschen BaFin (Bundesanstalt für Finanzdienstleistungsaufsicht) mehrfach beklagt, er habe bei der Münchner Hypo Real Estate (HRE) nicht »ausmisten« können, weil ihm gesetzlich die Hände gebunden gewesen seien. Ich gehe davon aus, dass das stimmt, aber vielleicht hätte er sich doch etwas lauter bemerkbar machen sollen, daran wäre nichts Ungesetzliches gewesen. Die Politik jedenfalls hätte sich nach Ausbruch der Finanzkrise über dezidierte öffentliche Warnungen schwerlich hinwegsetzen können.

Leider haben es die Politiker auch zugelassen, dass es häufig nicht nur eine, sondern mehrere Aufsichtsbehörden gibt. Gründe dafür liegen zum Teil in historisch gewachsenen Strukturen, zum Teil in dem Glauben, dadurch eine größere Unabhängigkeit und Kompetenz zu erreichen – aber es kann auch zu Kompetenzgerangel führen. Übersehen wird dabei die Gefahr, dass sich deren Verantwortungen entweder überschneiden, so dass sich keiner verantwortlich fühlt, oder nicht alles abdecken, so dass Banken durch die Maschen des Aufsichtsnetzes schlüpfen können. In Großbritannien liegt die direkte Bankenaufsicht bei der FSA (Financial Services Authority), während die Verantwortung für die Finanzmarktstabilität durch die Bank of England gewährleistet wird; in Deutschland teilen sich Bundesbank und BaFin die Bankenaufsicht, doch das könnte sich bald zugunsten der Bundesbank ändern. Die Bank of England und die FSA würden beide gern ihre Kompetenzen erweitern; die Konservativen wollen die FSA abschaffen und alle Aufsicht der Bank of England übergeben, die Labour-Regierung stärkt im Gegenteil die FSA. Eifersüchteleien und Politisierung halten die Betroffenen in Atem? Die Wette kann man getrost eingehen. In den USA geht es besonders schlimm zu, da gibt es rund zehn Aufsichtsbehörden, was dazu geführt hat, dass sich keine so ganz zuständig fühlte.

Die Mängel der Aufsicht und eine sich bei allen Marktteilnehmern breitmachende Leichtfertigkeit haben dazu
geführt, dass es überall auf der Welt Banken erlaubt wurde, riesige Aktivposten außerhalb der Konzernbilanz und
damit ohne adäquate Kapitalunterlegung zu halten. Zwei
deutsche Beispiele hierfür sind die SachsenLB und die
IKB Deutsche Industriebank in Düsseldorf – ausgerechnet
staatliche und halbstaatliche Institute, man fasst sich an
den Kopf. Das große und sich immer schneller drehende
Derivaterad und die Derivateverbriefung wurden ebenfalls
nicht reguliert, außerdem waren ja viele der Derivate durch
die Ratingagenturen bestens benotet. Solange alles gut lief,
konnten die Banken schalten und walten, wie sie wollten;
keiner stellte lästige Fragen. Wie beim Autofahren auf ab-
schüssiger Straße: Da nimmt das Tempo von ganz alleine
zu, und irgendwann kommt die Kurve – Bremse leider de-
fekt, Airbag nicht vorhanden, Sicherheitsgurt ausgeleiert.

Die Ratingagenturen

Die Ratingagenturen werden global von drei amerikanischen Firmen dominiert: Standard&Poor's, Moody's und
Fitch. Alle drei nahmen gegen Ende des 19. und zu Beginn
des 20. Jahrhunderts ihren Anfang. Standard&Poor's geht
auf eine Publikation über Eisenbahngesellschaften im Jahre
1860 zurück, Moody's gab erstmals 1909 ein Kompendium
zur finanziellen Gesundheit verschiedener Unternehmen
heraus. Beide Agenturen begannen 1916, Benotungen für

die Kreditwürdigkeit von Firmen zu veröffentlichen. Fitch
wurde 1913 gegründet und startete mit seinen Benotungen
im Jahr 1924. Diese Benotungen erleichterten den Investoren die Kaufentscheidung von Anleihen, und deshalb
bezahlten sie für den Service. 2006 wurden die Agenturen
direkt der SEC, der amerikanischen Aufsichtsbehörde für
die Wertpapier-, Aktien- und Optionsmärkte, unterstellt.
Sie waren nach der Pleite des Enron-Konzerns Ende 2001
heftig in die Kritik geraten, da sie erst unmittelbar vor dem
Konkurs die entsprechenden Unternehmensanleihen auf
»Ramsch« oder »Junk« heruntergestuft hatten (Enron war
ein großer US-Energiekonzern, der über Jahre Bilanzbetrug
in großem Stil betrieben hatte).

Heutzutage werden die Ratingagenturen nicht mehr
von den Investoren, sondern von den Anleihe-Emittenten
bezahlt, also den Unternehmen, die die Anleihen in Um-
lauf bringen. Da diese Unternehmen ein starkes Interesse
daran haben, von den Ratingagenturen möglichst gut bewertet zu werden – je höher die Benotung, desto geringer
der Anleihekoupon und damit die Zinskosten –, die Investoren jedoch auch die Risiken in den Bewertungen
gespiegelt sehen möchten, wohnt der Arbeit der Ratingagenturen, die theoretisch unabhängig arbeiten sollen und
doch von einer Seite bezahlt werden müssen, ein großer
Interessenkonflikt inne.

An der Börse gehandelte Anleihen – aber häufig auch
nicht notierte Zinspapiere – müssen in der Regel von mindestens einer Ratingagentur benotet sein, denn Wertpa-
pieraufsicht und Investoren verlangen eine unabhängige
Beurteilung der Kreditwürdigkeit. Auch die Bankenauf-

sicht verlangt Bewertungen. Damit wird zum Beispiel das Eigenkapital kalkuliert, das eine Bank unterlegen muss, um ein bestimmtes Anleihepapier in ihren Büchern zu halten. Vielen Pensions- und Investmentfonds ist es verboten, in Papiere anzulegen, die nicht ein Mindestrating aufweisen.

Den Ratingagenturen kommt also eine eminent große Bedeutung im Finanzwesen zu, und sie spielten denn auch eine entscheidende Rolle beim Entstehen der Finanzmarktkrise. Dabei bilden die drei amerikanischen Firmen ein Machtoligopol, dessen Einfluss nicht hoch genug eingeschätzt werden kann. Und der sich trotz der Krise auch in absehbarer Zeit nicht verringern wird, denn durch die historische Entwicklung und den jahrzehntelangen Vertrauensbonus der drei ist der Zugang für neue Agenturen auf internationaler Ebene praktisch unmöglich.

Durch ihre gute Benotung der verbrieften Derivate, häufig AAA, verwandelten die Ratingagenturen amerikanische Sub-prime-Hypotheken in Wertpapiere bester Bonität. Zum Teil galten die Papiere als (scheinbar) übersichert, zum Teil wurden die Bewertungskriterien aufgeweicht, denn der Wettbewerb zwischen den Agenturen war stark, der Profit erheblich – da schaute man schon mal nicht so ganz genau hin. Viele Papiere wurden zusätzlich durch Spezialinstitute versichert. Investmentbanken und Ratingagenturen kooperierten, um den Verbriefungen die höchste Bonität zu ermöglichen. Der Interessenkonflikt der Ratingagenturen war eklatant, und sie erlagen ihm.

Warum wurde niemand stutzig? Da gab es viele Gründe: Man hatte sich doch immer auf die Ratingagenturen

verlassen, warum jetzt nicht mehr, wo doch alles so gut
lief? Das System war zeiteffizient, viele Investoren sparten
sich auf diese Weise die sogenannte Due-Diligence-Prü-
fung, die sorgfältige Durchleuchtung des Geschäfts, die sie
eigentlich hätten durchführen müssen. Viele Investoren
waren auch regulatorisch und gesetzlich gezwungen, sich
auf die Ratings zu verlassen; die drei großen US-Agenturen
wurden offiziell von der SEC überwacht – wie sich später herausstellte, allerdings nur auf dem Papier –, das gab
ihren Empfehlungen so etwas wie ein offizielles Okay. Genau wie bei den Banken, wurde auch bei den Ratingagenturen erst im Nachhinein klar, was da eigentlich gespielt
wurde.

Die SEC will wegen der fatalen Rolle der Ratingagenturen als Mitverursacher der Finanzkrise jetzt ihre Aufsicht
verschärfen. In der Eurozone sollen die Agenturen ebenfalls einer behördlichen Aufsicht unterstellt werden. Dennoch wird es für die Agenturen auf absehbare Zeit keine
Aufsicht geben, die annähernd so gründlich wäre, wie
es für Banken und Versicherungen seit langem selbstverständlich ist.

Ein Blick in die Realwirtschaft

In der Realwirtschaft begann sich Anfang der achtziger
Jahre die angelsächsische Marktphilosophie durchzuset-
zen. Der amerikanische Präsident Ronald Reagan (1981–
1989) und die britische Premierministerin Margaret That-

cher (1979–1990) hatten sich dem »schlanken« Staat verschrieben und trieben Deregulierung und Marktliberalisierung radikal voran. Steuern wurden gesenkt, der Bürger und seine Entscheidungsfreiheit rückten in den Vordergrund der politischen Entscheidungen, Privatisierungen veränderten zumal die britische Unternehmenslandschaft nachhaltig. »Shareholder-Value«, das Schlagwort, das der damalige CEO von General Electric, Jack Welch, in einer Rede 1981 wohl als Erster öffentlich verwendete, entwickelte sich schnell zum Mantra des neuen Zeitalters.

Im Laufe der Neunziger wurden das World Economic Forum und seine Treffen in Davos unter Topmanagern zum begehrten Ort: Der »Davosmann« wurde geboren. Der hatte viel mit den Topbankern gemein, und die waren ja selbst gern in Davos. So gehörten alle zum selben Club, waren global aktiv und bildeten eine Supermenschenklasse für sich, für die Bescheidenheit in jeder Sprache ein Fremdwort war. Der Davosmann trug seine Anmaßung als Clubabzeichen im Knopfloch und glaubte, die Welt zu regieren. Politiker waren da nur ein lästiges Hindernis, am besten hielten sie sich aus den wirklichen Entscheidungen raus. Wer die Welt regiert und so viel Mehrwert schafft, der soll auch ordentlich entlohnt werden. Da fügte es sich gut, dass man mit einigen anderen Gepflogenheiten auch die hohe Vergütung der Topmanager in den USA übernehmen konnte. Man kannte sich, der Klüngel der international anerkannten Manager war relativ überschaubar, schließlich saß man häufig in den gleichen Aufsichtsräten oder Beiräten zusammen. Allerdings verdiente nicht jeder so viel wie der ehemalige Porsche-Chef Wendelin Wiedeking: 77 Millionen Euro in seinem letzten Jahr, und als er gehen musste, kamen noch mal 50 Millionen Euro Abfindung hinzu.

Die durch das Zauberwort Shareholder-Value ausgelöste Fokussierung auf den Aktienkurs des eigenen Unternehmens ließ viele Topmanager allerdings recht kurzatmig werden, von morgens bis abends rannten sie ihrem Kurs hinterher. Zudem saßen ihnen die kapitalmarktgeprägten Aktienanalysten im Nacken, die jedes Vierteljahr ein besseres Ergebnis sehen wollten. Und das von den Notenbanken so bereitwillig zur Verfügung gestellte billige Geld führte auch in der Privatwirtschaft zu Verwerfungen und Begierden, auch hier wurde zum Teil ein viel zu großes Rad gedreht.

In diesem Zusammenhang stellt der Versuch von Porsche, VW zu übernehmen, ein Paradebeispiel dar. Das Unternehmen war Aktienoptionen auf VW eingegangen, die Porsche etwa ein Drittel der VW-Aktien »sicherten«. Ursprünglich hatte es geheißen, dass Porsche nicht mehr als 50,1 Prozent an VW übernehmen wolle, doch 2008 wurde bekannt, dass Porsche über weitere Optionen sogar 74 Prozent kontrollierte. Da das Land Niedersachsen zwanzig Prozent an VW hielt, war der frei handelbare Streubesitz der Aktien plötzlich auf nur etwa sechs Prozent des Aktienkapitals geschrumpft. Viele Spekulanten, die VW-Aktien auf Termin verkauft hatten, mussten sich jetzt kurzfristig eindecken und gerieten ins Schleudern. Hohe Nachfrage, geringes Angebot: Der Kurs der VW-Aktie schoss in die Höhe. Für einen kurzen Augenblick hatte VW das zweifelhafte Vergnügen, das weltweit am höchsten bewertete Unternehmen zu sein. Aber nicht nur auf den Finanzmärkten wurde mit VW-Aktien gezockt. Die Unternehmerfamilie Merckle hatte sich ebenfalls mit VW-Aktien verspekuliert, und der Patriarch, Adolf Merckle, nahm sich Anfang 2009 das Leben.

Über mehrere Wochen war der DAX vom Kurs der VW-Aktie bestimmt. Wenn dieser wieder mal stark anstieg, stieg auch der DAX, selbst wenn alle anderen 29 Werte im Minus notierten – und umgekehrt. Die Kritik der Marktteilnehmer war heftig: Zustände wie in einer Bananenrepublik, riefen sie, der Finanzplatz Deutschland sei in Gefahr.

Noch im Geschäftsjahr 2006/07 verdiente Porsche mit seinen Finanzoperationen beinahe viermal so viel Geld wie mit dem Autogeschäft, denn die VW-Optionen hatten erheblich an Wert gewonnen, weil der VW-Kurs nur eine Richtung kannte: stetig nach oben. Doch die Rechnung ging nicht auf. Der hohe Kurs der VW-Aktie machte es für Porsche nicht sinnvoll, die Aktien tatsächlich in die Bücher zu nehmen, denn es war absehbar, dass der Kurs, der vorübergehend bei 1000 Euro pro Aktie gestanden hatte, wieder auf einen fairen Wert zurückfallen würde. Diesen gaben Analysten mit 80 bis 100 Euro an, die Differenz hätte Porsche vom Anschaffungswert abschreiben müssen. Außerdem war die Finanzkrise mit voller Wucht ausgebrochen, auf den Finanzmärkten herrschte Panik, Banken verlangten größere Sicherheiten, wenn sie überhaupt Kredite vergaben. Es war keine gute Zeit für Kapriolen.

Im Ergebnis hat sich Porsche völlig verspekuliert. Für das Geschäftsjahr 2008/09 wurde ein Verlust von 4,4 Milliarden Euro ausgewiesen, und statt die Geschicke bei VW zu bestimmen, ist Porsche nun die zehnte Marke des VW-Konzerns.

Der Privatanleger

Es ist nicht immer alles nur die Schuld der anderen. Wir selbst, wir Bürgerinnen und Bürger, haben uns einiges an Mitschuld zuzuschreiben. Da wurde auf der Suche nach der höchstmöglichen Verzinsung so lange im Internet gesurft, bis man schließlich bei der Kaupthing-Bank auf Island landete. Isländische Konten waren in Deutschland und Großbritannien gleichermaßen ein Renner. Hinterher ist man immer schlauer, aber Island ist ein winziges Land mit 300 000 Einwohnern, und viele haben zugegriffen, ohne sich zu fragen, warum denn dort eine so viel bessere Rendite gezahlt wurde als anderswo.

Viel gefragt wurde auch nicht, wenn es um Zertifikate ging. Das sind höchstkomplizierte, zum Teil hochriskante Produkte. Die hohe Rendite, die man damit erzielen kann, wird durch ein hohes Risiko erkauft. Beratung hin oder her, dieser Zusammenhang muss auch dem Privatanleger klar gewesen sein. Dass es sich bei Zertifikaten um unbesicherte Schuldverschreibungen handelt, hätte der Kundenberater dem Interessenten an Lehman-Zertifikaten schon sagen müssen. Aber die Banken wussten es ja auch nicht besser, keiner erwartete einen Bankenzusammenbruch an der Wall Street. Lange vor der Lehman-Pleite führte ich ein

Gespräch mit einem Spezialisten für Zertifikate. Auf meine
Frage, wie sich denn der Privatanleger bei den Abertausen-
den von Zertifikateprodukten einen Überblick verschaffen
kann, gab er die unschlagbare Antwort: »Das braucht er
doch gar nicht, da lässt er sich einfach von uns beraten.«
Das haben dann wohl auch viele getan.

In Großbritannien und den USA lauerte die Hypothe-
kenfalle. Beleihungen von 120 Prozent des Objektwertes
oder mehr? Kein Problem. Viele haben fleißig zugegriffen –
und das nach einer beispiellosen Inflation der Hauspreise.
Die Tochter von Freunden wollte 2007 unbedingt ihre erste klitzekleine Wohnung in der Nähe von London kaufen
und hatte für damalige britische Verhältnisse mit mehr als
zehn Prozent der Kaufsumme auch ganz gut angespart. Sie
fragte um Rat, ob das wohl ein geeigneter Zeitpunkt sei.
Nein, haben wir gesagt, der Markt wird sich drehen, wenn
nicht jetzt, dann in sechs oder zwölf oder achtzehn Monaten. Das könne gar nicht sein, meinte sie, in den letzten
fünfzehn Jahren sei es mit den Hauspreisen immer nach
oben gegangen, die könnten gar nicht fallen. Sie hat gekauft, und seitdem ist der Wert ihrer Wohnung um knapp
zwanzig Prozent gefallen. Das wäre noch zu verschmerzen, wenn nicht die Hypothek jetzt deutlich höher wäre
als der Wert der Wohnung – manchmal ist man richtig be-
trübt, wenn man recht behält.

Überhaupt war das Schuldenmachen in den USA und
in Großbritannien ein beliebter Sport. Ansparen war altmodisch, hohe Hypothekenbeleihungen, Kreditkarten und
Ratenzahlungen machten es möglich, warum also warten,
wenn man (beinahe) alles schon heute haben konnte? So

lag die persönliche Sparquote in den USA in den Jahren 2005 und 2006 im negativen Bereich, das heißt, der durchschnittliche private Haushalt gab mehr Geld aus, als er netto verdiente; in Großbritannien lag die Quote in diesen Jahren bei drei bis vier Prozent, aber 2007 drehte sie auf sagenhafte minus neun Prozent. Nur die Deutschen sparten reichlich zehn Prozent des verfügbaren Einkommens, und sie sparen noch immer.

Die Politiker

Politiker haben leider selten eine Ahnung von der Volkswirtschaft, geschweige denn von der Finanzbranche. Das Erstere sollte man eigentlich erwarten können, das Zweite wäre zu viel verlangt. Ihre Unkenntnis führt dazu, dass sich Politiker von Fachleuten beraten lassen müssen. Und wer wohl könnte sie besser in Finanzfragen beraten als die Akteure und Jongleure selbst? Ein massiver Interessenkonflikt, der, so scheint es, immer im Interesse des Bankwesens gelöst wird. Warum wohl?

Es verwundert nicht, dass die Politiker von den Volumina der Derivate und synthetischen Aktiva völlig überrascht waren und dass sie erst hinterher einigermaßen verstanden, was die Banken sich da ausgedacht hatten und wie es im Prinzip funktionierte. Dabei war die unheimliche Entwicklung bei den Derivaten schon vorher deutlich erkennbar. Es muss an dieser Stelle – und nicht nur mit Blick auf die Familienehre – gesagt werden, dass mein Vater Helmut

Schmidt schon vor Jahren und immer wieder darauf hingewiesen hat, dass hier eine bessere Aufsicht vonnöten wäre und dass die Zustände gefährlich seien. Trotz des Respekts, den er genießt, scheint keiner so richtig hingehört zu haben – Schwarzmalerei eines Elder Statesman.

Politiker wollen und müssen den Wohlstand der Bevölkerung mehren, wollen daher den Beitrag des Finanzdienstleistungssektors zum Bruttoinlandsprodukt nicht schmälern und kämpfen letztlich alle um Standortvorteile für ihre jeweiligen Finanzplätze. Auch als es 2009 darum ging, riskante Bankgeschäfte und die Bonuskultur in die Schranken zu weisen, sorgten sich die Politiker weltweit in erster Linie um den Wohlstand ihres eigenen Landes. London, Berlin, Bern, Paris, Washington: Alle hatten Angst, dass ihnen die cleveren Banker abhanden kommen und damit deren Beitrag zum jeweiligen BIP.

Der angeblich drohende Exodus der erfolgreichen Banker ist allerdings eine Mär, die von der Bankenlobby sehr erfolgreich kultiviert wurde. Als ob es realistisch wäre, dass plötzlich alle Banker ihre Koffer packen, um sich an einem anderen Ort niederzulassen oder bei weniger regulierten Unternehmen wie Hedgefonds oder Private Equity. Wir sprechen hier von Leuten, die bestens verdienen. Diese erwarten gute (Privat-)Schulen für ihre Kinder, ein reiches Kulturangebot, eine Sprache, in der sie sich verständigen können, ein weltoffenes Umfeld – und natürlich einen florierenden Finanzplatz. Wenn man auf das alles nicht verzichten will, bleiben nicht so viele Orte auf der Welt, an denen man sich niederlassen möchte, allenfalls eine Handvoll. Wenn die Regierungen der wenigen Länder, um die es

hier geht, kooperierten, wäre die Schimäre von den flie-
genden Händlern der Finanzbranche mit einem Schlag
vom Tisch.

Chinesen und Amerikaner

Was haben die Chinesen mit dem Finanzkrach zu tun?
Eine ganze Menge. Die Chinesen genau wie die Deutschen
haben einen enormen Exportüberschuss aufzuweisen –
jüngst haben sie Deutschland als Exportweltmeister auf
den zweiten Platz verwiesen. Da in den USA das Geld so
billig war, wurde der Dollar auch billiger; dies verteuerte
automatisch die chinesischen Importe. Das passte den
Chinesen nicht, sie wollten ihren Exportüberschuss behalten, der schafft Arbeitsplätze. Also koppelten sie ihre eigene Währung, den Yuan, an den Dollar und ließen diesen
parallel zum Dollar abwerten. Das wiederum schaffte riesige Devisenüberschüsse, die die Chinesen in amerikanischen Staatsanleihen anlegten. Und so schloss sich der
Kreis: Durch den Aufkauf amerikanischer Staatspapiere
blieben die US-Kapitalmarktzinsen niedrig, statt zu steigen, wie es ein schwacher Dollar eigentlich hätte erwarten
lassen. Die sparsamen Chinesen unterstützten die hoch-
verschuldeten amerikanischen Haushalte, die sich mit billigem langfristigem Geld Immobilien kauften, Zweithypo-
theken aufnahmen oder sonstige Anschaffungen tätigten
und damit immer mehr Luft in die riesige Blase pumpten.
    Sehr viele und angesehene Volkswirte sehen in diesem

makroökonomischen Zusammenhang den eigentlichen Grund und Ursprung der Finanzkrise. Einige hatten früh vor den globalen Ungleichgewichten gewarnt und gefordert, dass diese behutsam zurückgefahren werden müssten, damit die globale Wirtschaft keinen Schaden nimmt. Kritiker merken an, dass diese Thesen beim Auftauchen der ersten Schwierigkeiten sehr clever von der Fed propagiert worden seien, um von ihren eigenen geld- und aufsichtspolitischen Fehlern abzulenken, und dass ihr dabei sehr viele auf den Leim gingen.

Die globalen Ungleichgewichte haben sich im Zuge der Finanzmarktkrise etwas zurückgebildet. Das amerikanische Leistungsbilanzdefizit und der chinesische Leistungsbilanzüberschuss haben sich vermindert. Sollten sich die amerikanischen privaten Haushalte, wie allgemein erwartet wird, wegen der hohen Arbeitslosigkeit und ihrer hohen Verschuldung in den nächsten Jahren mehr aufs Sparen als aufs Ausgeben besinnen, ist eine weitere Verminderung zu erwarten. Auch der schwache Dollar ist nun eine Hilfe, denn er fördert die amerikanischen Exporte zu Lasten der Importe. Inwieweit China hier mitspielen kann und will, bleibt abzuwarten. Es wird immer wieder gefordert, China müsse seinen Binnenkonsum ankurbeln, aber das geht nicht über Nacht. Die Chinesen sind seit Generationen ein sparsames Volk, die chinesischen Sozialleistungen sind gering, der Einzelne und die Familie müssen Vorsorge betreiben. Es wird geschätzt, dass die chinesische Sparquote im Jahr 2009 bei unglaublichen 49 Prozent des Bruttoinlandsprodukts lag und damit 28 Prozent des globalen Sparaufkommens ausmachte. Eine signifikante, geschweige denn eine völlige Freigabe des Yuan scheint noch in weiter Ferne. Dadurch wären möglicherweise auch andere asiatische Nationen in ihrem Export gefährdet, denn sie konkurrieren mit den billigen chinesischen Exporten. Wahrscheinlich wird Asien, abgesehen von Japan, noch lange mehr oder minder an den Dollar gekoppelt bleiben. Das aber heißt, dass von dort keine Abmilderung der globalen Ungleichgewichte zu erwarten ist.

Kapitel IV

Die Wurzel allen Übels: Moral Hazard

Mit Moral Hazard, einem im angelsächsischen Raum seit langem feststehenden Begriff, ist eine dem westlichen Bankensystem innewohnende Asymmetrie gemeint. Auf der einen Seite sind die Banken für das Funktionieren unserer Volkswirtschaften absolut notwendig, erfüllen also eine *öffentliche* Aufgabe. Auf der anderen Seite sind sie *privatwirtschaftlich organisiert*, alle Gewinne stehen den Aktionären zu. Da sich die Banken ihrer öffentlichen Aufgabe bewusst sind, gehen sie zu Recht davon aus, dass Regierungen alles in ihrer Macht Stehende tun werden, um ein Zusammenbrechen des Bankensystems zu verhindern. Auf diese Weise ist das System vom Staat – und das heißt vom Steuerzahler – gegen eine Pleite versichert. Weil es diesen letzten Rückhalt für sie gibt, können die Banken risikoreiche Geschäfte eingehen, denn die bringen den höchsten Gewinn. Der allerdings steht, wie gesagt, den Aktionären zu, während Verluste, die eine systemrelevante Grenze überschreiten, vom Staat getragen werden. Mit einem Wort: Gewinne werden privatwirtschaftlich vereinnahmt, Verluste auf die Gesellschaft als Ganzes verteilt. Diese Asymmetrie bildet die Grundlage dessen, was die Finanzwirtschaft mit dem Begriff Moral Hazard umschreibt.

So wie der Begriff heute gebraucht wird, geht er jedoch weit über den Finanzsektor hinaus. Leider gibt es im Deutschen keinen adäquaten Ausdruck. »Moralisches Risiko« oder »sittliche Gefährdung«, wie man ab und an liest, lässt einen eher an junge Mädchen in Klosterschulen denken, deren Jungfräulichkeit gefährdet ist. Ich finde den Mangel eines adäquaten deutschen Wortes bedauerlich, denn Moral Hazard bezeichnet ein Grundproblem der freien Marktwirtschaft, wie sie heute in der westlichen Welt praktiziert wird.

Ursprünglich wurde der Ausdruck im Versicherungswesen geprägt und bedeutete dort, dass ein Mensch, der versichert ist, weniger risikobewusst handelt als einer, der nicht versichert ist. So ist es zum Beispiel für jemanden, der gegen Autodiebstahl versichert ist, weniger dringlich, sein Auto über Nacht in einer abschließbaren Garage zu parken, als für einen Autobesitzer, der keine solche Versicherung besitzt. Auch andere Verhaltensmuster sind für die Prämienberechnungen eines Versicherungsunternehmens relevant. Wenn eine Krankenversicherung die Kosten zu 100 Prozent erstattet, geht der Versicherte häufiger zum Facharzt und greift häufiger zu den teureren Präparaten, als wenn er teilversichert ist.

Moral Hazard bezieht sich nicht nur auf das Bankensystem als Ganzes, sondern findet sich auch in Teilsegmenten der Finanz- und auch der Realwirtschaft. So stellt der Greenspan-Put ebenso Moral Hazard dar wie die Verbriefung von Aktiva und deren Verkauf ohne Selbstbehalt; die Rettung der Hypo Real Estate ebenso wie die Rettung der amerikanischen Autoriesen. Auch im Kündigungsschutz findet sich eine Form von Moral Hazard. So liegen in Großbritannien die Krankentage im privatwirtschaftlichen Bereich seit Jahren deutlich niedriger als im öffentlichen Sektor (laut jüngster Statistik 6,4 gegenüber 9,7 Tagen); in Deutschland verhält es sich prinzipiell nicht anders, nur liegt die Anzahl von Fehltagen aufgrund von Krankheiten insgesamt wesentlich höher. Auch andere Sozialleistungen, wie zum Beispiel Arbeitslosengeld, können zu Moral Hazard führen. Da ist jemand wegen einer Werkschließung arbeitslos geworden; ihm wird im selben Unternehmen ein Job angeboten, der jedoch eine deutlich längere Fahrt zum Arbeitsplatz mit sich bringt. Der Betreffende lehnt ab und bezieht lieber das zunächst recht hohe Arbeitslosengeld.

Nun darf man sich die Philosophie des Moral Hazard nicht so vorstellen, als kämen die Banker am Morgen in die Handelsräume, krempelten die Ärmel hoch und sagten, so, heute wollen wir mal ordentlich den Rahm abschöpfen und ganz besonders riskante Geschäfte betreiben. Es ist vielmehr die subtile Verdrängung des Risikos, das instinktive Wissen, dass der Staat die Bank schon nicht fallenlassen wird, das sie nach Kriterien handeln lässt, die unter normalen Umständen unverantwortlich wären.

Um dem Missbrauch des Moral Hazard im Bankwesen zu begegnen, scheint es auf den ersten Blick das Einfachste, alle Banken zu verstaatlichen. Dann bräuchte die Allgemeinheit nicht nur die Verluste zu tragen, sondern könnte auch von den Gewinnen profitieren. Im Ernst kann das nicht die Lösung sein. Wer so etwas propagiert, hat entweder ideologische Scheuklappen oder versteht nichts vom Banking oder beides. Bankmanager, die zu Bankbeamten werden; die Kredite nicht nach wirtschaftlichen Kriterien vergeben, sondern an Familienangehörige und Gesinnungsgenossen; die nach politischer Präferenz auf die Toppositionen gehoben werden und dort die Steckenpferde ihrer politischen Gönner finanzieren; Bankmanager, die ehrlich, aber faul sind: Das alles würde nur zu neuem Moral Hazard führen, denn sie sind faul, weil unkündbar, risikoscheu, weil abhängig. Nur wer jegliches Risiko meidet, kann Abschreibungen auf das absolute Minimum begrenzen. Das Geschäft tendiert dann allerdings auch gegen null. Kurzum, die Verstaatlichung ist kein Weg. Das Bankensystem muss auch in Zukunft privatwirtschaftlich organisiert werden, die derzeitige (Teil-)Verstaatlichung einiger Banken sollte ein temporäres Phänomen bleiben.

Aber wie lässt sich der Moral Hazard begrenzen? Ich fand die Problematik schon vor einigen Jahren ausgesprochen spannend und habe mich oft gefragt, wie eine Lösung aussehen könnte. In der City wollte jedoch keiner darüber sprechen. Ich habe mehrfach versucht, ein grundsätzliches Interview über das Thema zu führen – leider ohne Erfolg. Keiner der Beteiligten wollte öffentlich über die eklatante Bevorzugung des Bankwesens gegenüber der Realwirtschaft sprechen. Die Hoffnung war wohl, dass es vielleicht keiner von denen »draußen« merkt.

Too big to fail: Moral-Hazard-Unternehmen

Mit der Bezeichnung »too big to fail« (zu groß, um zu scheitern) wird ein Unternehmen charakterisiert, ob im Finanzwesen oder in der Realwirtschaft, das so groß und

bedeutend ist, dass seine Pleite nicht nur negative oder sogar desaströse Konsequenzen für die Beschäftigten im Unternehmen selbst, bei seinen Zulieferern und Kunden oder
bei seinen Gläubigern und Aktionären hätte, sondern die
gesamte Volkswirtschaft in Mitleidenschaft ziehen könnte.
In jüngerer Zeit sind viele solcher Unternehmen in die
Schlagzeilen geraten, zum Beispiel der Autogigant General
Motors, die Versicherungsgesellschaft AIG (American International Group, gehört jetzt durch verschiedenste Rettungsfazilitäten zu etwa 80 Prozent dem amerikanischen
Staat), die Citibank oder die Hypo Real Estate in Deutschland. Es sind häufig Unternehmen im Finanzbereich, die
hier genannt werden, denn sie weisen meist nicht nur eine
enge Vernetzung mit der eigenen Volkswirtschaft, sondern darüber hinaus mit anderen Volkswirtschaften auf.
Bei Unternehmen der Realwirtschaft sieht es meist etwas
anders aus, hier geht es vornehmlich um Arbeitsplätze.
Noch ist der Ausgang des Ringens zwischen General Motors und den betroffenen Regierungen in Europa offen.

»Feine Pinkel« mit hohen Boni und arrogantem Gehabe
stehen bei Unternehmen wie Opel oder Quelle nicht in
Lohn und Brot, sondern Menschen, die dem nachgehen,
was man gemeinhin unter »ehrlicher und anständiger
Arbeit« versteht. Deshalb werden für Unternehmen in der
Realwirtschaft häufig staatliche Rettungspläne konzipiert,
die eher aus politischem Opportunismus erfolgen als aus
Sorge um die Volkswirtschaft. Die ursprüngliche Zusage
finanzieller Unterstützung für Opel durch die Regierung
Merkel war ebenso umstritten wie die medienwirksam in-
szenierte »Rettung« der Baufirma Philipp Holzmann, die

vom damaligen Bundeskanzler Schröder Ende 1999 mit rund 250 Millionen Mark (Steuerzahlerbürgschaften) und einem Kreditpaket der Gläubigerbanken am Leben erhalten wurde, nur um knapp drei Jahre später doch bankrottzugehen, was mit einem Verlust von etwa 10 000 Stellen in Deutschland verbunden war.

Die Kleinen hängt man, die Großen lässt man laufen. Die bekannte Redensart, die meist im Justizbereich Anwendung findet, wäre vielleicht eine geeignete Übersetzung für »too big to fail«.

Derivate, Giftmüll und Blasen

Derivate: Ein Derivat ist ein Finanzinstrument, das seinem Besitzer das Recht verleiht, ein bestimmtes Gut zu einem heute vereinbarten Preis in der Zukunft zu kaufen oder zu verkaufen. Derivate gibt es schon seit Jahrhunderten, denn alle Termingeschäfte sind Derivate. Früher verkauften nicht wenige Bauern ihre Ernte schon im Frühjahr auf Termin, mit dem Geld konnten sie dann das Saatgut einkaufen, und das Qualitätsrisiko der Ernte ging auf den Käufer über. Heutzutage »versichert« sich jedes größere Unternehmen durch Terminkäufe und -verkäufe gegen Wechselkursschwankungen. Die Fluggesellschaften kaufen das Kerosin, der Schokoladenhersteller den Kakao auf Termin. Der Grund ist immer der gleiche: eine sicherere Kalkulation künftiger Kosten und Erträge. Derivate sind also zunächst einmal ein bewährtes, außerordentlich nützliches Finanzinstrument.

Sie sind aber schon immer auch ein gängiges Vehikel für Spekulation gewesen. Man denke an die berühmte holländische Tulpenmanie im 17. Jahrhundert, eine riesige Spekulationsblase, bei der eine Tulpenzwiebel mit bis zu 10 000 Gulden gehandelt wurde; man denke an die immer wiederkehrenden Spekulationswellen auf den Rohstoffmärkten, etwa beim Öl, das im Juli 2008 mit 147 US-Dollar pro Fass einen Rekordpreis erreichte, um im Dezember auf 34 US-Dollar zu fallen; man denke an die Devisenmärkte, deren Volumina völlig losgelöst sind von den für die realwirtschaftlichen Transaktionen benötigten Währungen (der tägliche globale Devisenmarktumsatz wird auf vier Billionen US-Dollar geschätzt); man erinnere sich an George Soros, der 1992 massiv gegen das Pfund Sterling spekulierte und damit die Währung in die Knie zwang und aus dem Europäischen Währungsverbund herauskatapultierte.

Die amerikanische Immobilienkrise hätte die amerikanischen und globalen Finanzmärkte und Volkswirtschaften weniger stark getroffen, hätte es den Missbrauch von Derivaten und Verbriefungen nicht gegeben. An sich ist auch an Verbriefungen (Securitisation) nichts Übles, ganz im Gegenteil. Hier werden Bankforderungen, die meistens aber nicht immer dinglich besichert sind, zu einem Wertpapier gebündelt und an einen Investor verkauft. Die Zinszahlungen, die ursprünglich an die Bank gingen, werden an den Investor weitergeleitet. Die Bank erhält mit dem Verkauf ihrer Forderungen neues Geld, mit dem sie neue Geschäfte machen kann, der Investor kauft ein Wertpapier mit einem von ihm gewünschten Risikoprofil und einer

entsprechenden Verzinsung. Verbriefen lässt sich beinahe
alles: Hypotheken, Autokredite, Firmenkredite, Kredit-
kartenforderungen, Leasingforderungen, im Prinzip alle
Kreditverträge, die mit regelmäßigen Zinszahlungen ver-
knüpft sind.

Hypothekenverträge, die klassische Grundlage des Ver-
briefungsgeschäfts, galten bis zum Ausbruch der Krise zu
Recht als besonders sicher. Die Kredite sind dinglich durch
die Immobilie besichert, und bei vernünftiger Hypotheken-
gewährung (mäßige Beleihungsgrenze, hohe Kreditwürdigkeit des Hypothekenschuldners) bietet die Besicherung
ein Sicherheitspolster für etwaige Kreditausfälle. Verbriefungen bringen Gebühren und entlasten die vorgeschriebene Eigenkapitalausstattung der verbriefenden Bank.

In den neunziger Jahren ließen sich die Investmentbanker jedoch etwas Neues einfallen, nämlich Verbriefungen von Verbriefungen. Die entsprechenden Wertpapiere
wurden als Derivate klassifiziert und als »Collateralised
Debt Obligations« (CDOs) bezeichnet. Verbriefungen der
ersten Stufe wurden wiederum gebündelt; das daraus
entstehende Portfolio wurde in verschiedene – meistens
vier – Risikoklassen unterteilt und seinerseits verbrieft.
Die höchste Risikoklasse brachte wie immer die höchste
Rendite, musste aber auch als erste für etwaige Zahlungsausfälle geradestehen; diese Papiere wurden zu einem
Großteil von stark spekulativ ausgerichteten Hedgefonds
gekauft. Die zweithöchste Risikoklasse musste geradestehen, wenn Zahlungsausfälle den Topf der höchsten
Risikoklasse ausgeschöpft hatten und darüber hinausgin-
gen. Die niedrigste Risikoklasse war nur regresspflichtig,

wenn alle vorherigen Töpfe leer waren. Die unterschiedlichen Risikoklassen verschiedener Portfolios ließen sich
wieder und wieder zusammenfassen, wieder und wieder
in unterschiedliche Risikoklassen unterteilen, wieder und
wieder verbriefen.

Es war wie beim Pyramidenbau. Das Fundament waren
die ursprünglichen Hypotheken, und darauf wurden dann
Stufe um Stufe die Verbriefungen gesetzt. Ganz oben auf
der Pyramide, das heißt beim niedrigsten Risiko der zweiten oder sogar dritten Verbriefung, konnte man sicher
sein – und die Banken und Ratingagenturen unterstützten
diese Interpretation –, dass alle denkbaren Ausfälle weiter
unten längst absorbiert waren. Wer geht schon von einer
hundertprozentigen Ausfallrate aus? Dank der Unter-
teilung in Risikoklassen schien ganz oben immer ein Sahne-
häubchen zu schweben, zwar nicht sehr dick, aber doch
nahrhaft. Diese Papiere wurden denn auch meist mit AAA
geratet, also der allerhöchsten Bonitätsnote.

Das große Verbriefungsrad wurde jedoch – und hier lag
die Wurzel allen Übels – zu einem erheblichen Teil mit
Subprime-Hypotheken gedreht, Hypotheken, deren Gewährung nicht nach vernünftigen, marktgängigen Kriteri-
en erfolgt war. Und so kam es, dass aus Hypotheken min-
derer Qualität AAA geratete Wertpapiere wie Phönix aus
der Asche stiegen – schiere Magie.

Das hört sich nicht nur unverständlich und kompliziert
an, das war es auch. Die Finanzkrise hat schmerzhaft deutlich gemacht, dass selbst die Banken, die die Verbriefungen
vorgenommen hatten, nicht durchblickten und das Risiko
dieser Papiere nicht überblickten. In der Bank of England

wurde ausgerechnet, dass ein Investor theoretisch 1,125 Milliarden (!) Seiten an Dokumenten hätte lesen müssen, um alle Verträge bei Verbriefungen von Hypothekenverbriefungen zu kennen und zu verstehen. Da kann man getrost darauf wetten, dass kein Mensch so viel Papier verträgt. Die Investoren haben gesehen, dass die Verbriefungen das Kreditwürdigkeitssiegel der Ratingagenturen aufwiesen, das genügte ihnen. Für die verbriefende Bank aber fielen bei jeder Verbriefung Gebühren ab, genauso wie für die Ratingagentur, die die Verbriefung benotete. Da hatten die Investmentbanker sich tatsächlich einen Goldesel geschaffen – verdroschen aber wurden wir, und zwar richtig.

Nicht nur mit Verbriefungen wurde Missbrauch getrieben, sondern auch mit einem weiteren Finanzinstrument, das ursprünglich ebenfalls durchaus sinnvoll gewesen war: dem Credit Default Swap (CDS). Dabei handelt es sich um Derivate, die gegen die Zahlungsunfähigkeit eines Schuldners oder einen sonstigen Kreditausfall versichern, wobei der Versicherte eine regelmäßige Prämie zahlt, oft auch eine Einmalgebühr bei Vertragsbeginn. So kann sich zum Beispiel der Besitzer einer Siemens-Anleihe gegen die Zahlungsunfähigkeit von Siemens versichern oder der Besitzer einer Bundesanleihe gegen die Zahlungsunfähigkeit der Bundesrepublik Deutschland. Solche Versicherungen sind nützlich und werden vielfach zur Absicherung eines Anlageportfolios oder in der Realwirtschaft zur Absicherung des Kunden- oder Lieferantenrisikos geschlossen.

Der Missbrauch konnte entstehen, weil man als Versicherter keine eigene Anleihe zu besitzen braucht. CDS können völlig unabhängig davon eingegangen werden, ob man selbst dem versicherten Risiko ausgesetzt ist oder nicht; die Anleihen, auf die sie sich beziehen, sind lediglich Referenzwerte. Insofern bietet sich dieses Instrument in hervorragender Weise an, um auf die Bonität eines Schuldners zu spekulieren. Wenn ich zum Beispiel glaube, dass die Deutsche Bank in Zahlungsschwierigkeiten geraten wird, dann kaufe ich eine solche Versicherung. Wenn ich Recht behalte und die Bank kann nicht mehr zahlen oder wird umgeschuldet oder der Staat beteiligt sich mit einer Rettungsaktion (je nachdem, wie der Vertrag gestaltet ist), kassiere ich den Referenzwert, also den Nominalwert der Referenzanleihe. Wenn ich umgekehrt glaube, die Deutsche Bank werde gute Gewinne einfahren, dann verkaufe ich eine solche Versicherung. Bleibt die Bank solvent, habe ich die Prämien und die Einmalgebühr kassiert. Da ich in keinem Fall irgendeine Beziehung zur Deutschen Bank zu haben brauche und überdies so viele Geschäfte dieser Art abschließen kann, wie ich möchte, können die CDS auf die Schulden der Deutschen Bank – das heißt auf die Anleihen, die sie begeben hat – theoretisch unendlich hoch sein.

Das hochspekulative Geschäft mit CDS kann zu den irrwitzigsten Situationen in der Realwirtschaft führen. CDS-»Versicherte« haben grundsätzlich ein Interesse daran, dass der Versicherungsfall eintritt, denn nur so können sie den »Referenzwert« kassieren. Wenn also ein Unternehmen auf der Kippe steht und seine Banken und andere Gläubiger zusammenkommen, um zu sehen, ob man die Firma retten kann, arbeiten die »Versicherten« dagegen und versuchen, die Verhandlungen zu torpedieren. Das ist in zahlreichen Fällen gelungen, schon 2003 und 2004 wurde in den einschlägigen Medien darüber berichtet. Das bedeutet, dass reine Finanzspekulanten – und das sind durchaus nicht immer die bösen Hedgefonds, sondern häufig auch die Investmentsparten der großen Universalbanken – darüber entscheiden können, ob ein angeschlagenes, aber im Kern sanierungsfähiges Unternehmen den Bach runtergeht oder nicht. Ein Skandal!

In der Praxis sind CDS-Verträge nur etwas für die Profis des globalen Finanzwesens, nicht für das breite Publikum. Lehman Brothers war stark in diesem Geschäft vertreten und besonders als »Versicherungsnehmer« profiliert; auf der anderen Seite war die amerikanische Versicherungsgesellschaft AIG als »Versicherungsgeber« bekannt.

CDS gibt es zwar erst seit Ende der neunziger Jahre, aber ihr Volumen wurde für das zweite Halbjahr 2007 auf etwa 60 Billionen US-Dollar geschätzt. Das ist eine schier unvorstellbare Summe; die gesamte volkswirtschaftliche Leistung der USA für das *gesamte* Jahr 2007 betrug nicht einmal ein Viertel. Die Lehman-Pleite hat gezeigt, wie schwierig sich die Entwirrung von CDS-Kontrakten gestaltet. Nicht wenige befürchten, dass die nächste Finanzkrise durch ein verheerendes Schneeballsystem bei CDS-Verträgen hervorgerufen werden könnte.

Leider war es das »Orakel« Alan Greenspan, das den Derivaten und ihrem exponentiellen Wachstum seinen allerhöchsten Segen gab. Sein Nachfolger, Ben Bernanke, sah die Entwicklung ebenfalls »locker«, wie er sich im November 2005 bei der Anhörung vor dem Bankenausschuss des Senats ausdrückte. Greenspan und Bernanke glaubten an den systemischen »Versicherungs«aspekt der Instrumente. Den weisen sie ohne Zweifel auch auf, denn das zugrundeliegende Risiko, zum Beispiel bei Hypotheken, ist nicht mehr bei einer Bank konzentriert, sondern durch Verbriefung oder CDS-Versicherung auf viele Marktteilnehmer verteilt; sollte der Risikofall eintreten, wird der Kreditausfall von vielen geschultert und bleibt daher verkraftbar. Ein Irrtum war es allerdings anzunehmen, dass diese Art Wertpapiere nur von finanztechnisch hochversierten Investoren gehandelt würden – da hätten Greenspan und Bernanke besser mal bei der IKB oder der SachsenLB nachgefragt. Auch das systemische Risiko bei diesen Derivaten, die Gefahr, dass das schädliche Virus sich schnell über die ganze Welt verbreiten kann, wurde konsequent ausgeblendet und von den Verantwortlichen erst dann eingestanden, als das Übel auch dem geprellten Laien hinlänglich bekannt war.

Ich hatte bereits erwähnt, dass mir Anfang 2006 die Explosion der Volumina in Derivaten zunehmend unheimlich wurde. Ich verstand zwar nicht, wie das technisch funktionierte, aber mir war klargeworden, dass hier ein unreguliertes, intransparentes und gigantisches Marktsegment entstanden war, das sich völlig abgehoben von den realwirtschaftlichen Gegebenheiten stetig weiter vergrößerte, und dass dem erhebliche systemische Gefahren innewohnten. Das verursachte mir Bauchschmerzen.

Bauchschmerzen hatten auch andere – aber leider nicht an der Wall Street oder in der Londoner City, da wollte man von Bauchschmerzen nichts hören und tat die Zweifler als Hypochonder ab. Der in der Finanzwelt berühmte

Großinvestor Warren Buffet war der einzige anerkannte
Marktteilnehmer, der sich vehement gegen diese Art von
Derivaten aussprach. In dem heute legendären Jahresbe-
richt 2002 seiner Firma Berkshire Hathaway, eines börsennotierten Konglomerats mit einer Bilanzsumme von
267 Milliarden US-Dollar (2008) und 246 000 Angestellten, an dem Buffet knapp 40 Prozent der Anteile hält, bezeichnete er die Derivate als Massenvernichtungswaffen.
Warren Buffet hat in der City und an der Wall Street den
Status eines Gurus, aber in diesem Fall erwies er sich leider
als ein Prediger in der Wüste.

Giftmüll: Verbriefungsprodukte und CDS werden als
»strukturierte« Produkte bezeichnet, das sind aus Basis-
produkten und Derivaten neu zusammengefügte Finanzprodukte. Beide Produktklassen machen heutzutage den
überwiegenden Teil des finanziellen »Giftmülls« (toxic
assets) aus. Sie haben diesen schönen Namen erhalten,
weil sie nicht nur die Bilanzen der Investoren, die sie in
den Büchern hielten (und zum großen Teil noch halten),
vergifteten, sondern das gesamte Finanzsystem. Giftig waren sie, weil sich der wahre Wert dieser Aktiva nicht mehr
bestimmen ließ, da sie zu ständig neuen Abschreibungen
führten. Um diesem Vergiftungsprozess Einhalt zu gebieten, haben Regierungen der USA und in Europa das Konzept von sogenannten »Bad Banks« ins Auge gefasst. Das
sind Abwicklungseinrichtungen, die es den Banken erlauben, ihren Giftmüll auszusondern. Die Abwicklung erfolgt
meist über einen langen Zeithorizont von bis zu dreißig
Jahren. Durch die Auslagerung des Giftmülls wird der ent-

sprechende Abschreibungsbedarf bei den Banken gestoppt, es kann sogar zu Zuschreibungen kommen. Das dadurch freigesetzte Eigenkapital kann für neue Geschäfte verwendet werden. In Deutschland hat die große Koalition Mitte 2009 für Geschäfts- und Landesbanken die Möglichkeit geschaffen, ihre eigenen Bad Banks zu gründen – unter strengen Auflagen. Die Zahlungsfähigkeit einer Bad Bank wird letztlich immer vom Staat – das heißt vom Steuerzahler – garantiert. In Schweden war schon Anfang der Neunziger zur Bekämpfung der damaligen schwedischen Bankenkrise eine Bad Bank gegründet worden, eine Maßnahme, die sich als hilfreich erwies.

Spekulation und Blasen: Blasen treiben den Preis einer bestimmten Anlage über ihren »eigentlichen« Wert hinaus. Der ist allerdings nur schwer zu bestimmen; deshalb meinte Alan Greenspan ja auch, man könne eine Blasenbildung nur im Nachhinein feststellen. Aber Hinweise auf Blasenbildung gab es natürlich immer. Wenn zum Beispiel eine Wohnimmobilie in der Vergangenheit stets etwa sieben Durchschnittsjahresgehälter gekostet hat, dann wird das ohne Blasenbildung auch so bleiben. Ihr absoluter Preis wird mit dem nominalen Anstieg der Jahresgehälter steigen, aber der relative Preis bleibt konstant. Hebt der Preis der Immobilie plötzlich ab, kostet die Wohnung nun vielleicht zehn oder sogar fünfzehn Jahresgehälter, dann kann man davon ausgehen, dass es sich um eine Blase handelt. Nur wenn sich die Nachfrage rasant beschleunigt hat oder die Bauunternehmen weniger bauen oder die Bautätigkeit der Nachfrage nicht standhält, können funda-

mentale Gründe für den Preisanstieg verantwortlich sein.
Das ist aber meistens nicht der Fall, im Gegenteil, je höher
die Preise für Wohnimmobilien klettern, desto mehr investieren die Bauunternehmen.

In Großbritannien und den USA konnte sich seit den
frühen neunziger Jahren ein Haus im Wert verdoppeln und
verdreifachen, obwohl weder die Nachfrage stieg, noch
angebaut wurde, noch sonstige Verbesserungen zu erkennen waren. Das führte dazu, dass sich die Hauseigentümer
reicher fühlten und deshalb weniger sparten und mehr
ausgaben. Viele nahmen auch eine zweite Hypothek auf.
Die zweite Hypothek brachte die Beleihung etwa wieder
dahin, wo sie ursprünglich gelegen hatte, das Geld wurde ausgegeben. Als die Blase platzte und die Immobilie
wieder nur noch sieben Jahresgehälter wert war, vielleicht
sogar noch weniger, saß man auf einer Hypothek, die in
Relation viel zu hoch war. Die konnte man möglicherweise noch bedienen – aber nicht, wenn man arbeitslos
wurde, und schon gar nicht, wenn die Zinsen stiegen.

Blasen werden durch Spekulation hervorgerufen. Die
Spekulanten setzen auf Preisveränderungen, also auf
Kapitalgewinn. Der Kapitalgewinn auf das eingesetzte
Eigenkapital ist umso höher, je mehr Fremdkapital man
zur Spekulation aufnimmt. Solange der Kapitalgewinn
höher liegt als die Verzinsung des aufgenommenen Fremd-
kapitals, geht die Rechnung auf. Zur Katastrophe kommt
es, wenn dem aufgenommenen Fremdkapital, den Schulden, kein Kapitalgewinn mehr gegenübersteht, häufig sogar ein Kapitalverlust ausgewiesen wird. Dies ist nicht nur
für den einzelnen Spekulanten eine Katastrophe. Wenn

alle mit geliehenem Geld spekulieren, dann ist am Ende, wenn die Blase platzt, das gesamte Wirtschaftssystem betroffen. Gravierende Einbrüche in der Realwirtschaft, eine scharfe Rezession und hohe Arbeitslosigkeit können die Folgen sein.

Kapitel V

Globalisierung, Wettbewerb und die Jagd nach Rendite

Die globalen Veränderungen der letzten fünfzehn bis zwanzig Jahre haben den Weg zum großen Finanzkrach geebnet. Das fing an mit der Auflösung der Sowjetunion, dem Ende des Kalten Krieges in Europa, der Einführung des einstweilen erfolgreichen chinesischen Modells und dem durch diese und andere Entwicklungen ausgelösten erheblichen Zuwachs im Welthandel. Viele der sogenannten Schwellenländer und der vormals sowjetischen Republiken und Satellitenstaaten öffneten ihre Märkte und wollten am westlichen Wohlstand teilhaben. Dabei wurde die westliche Marktordnung, wurden Kapitalismus und Finanzwesen in Osteuropa zunächst wenig, wenn überhaupt, hinterfragt. Anders war es in den ehemaligen asiatischen Sowjetrepubliken und anderen nichteuropäischen Schwellenländern; hier suchte man eher einen »nationalen« Weg zum Wohlstand zu beschreiten. Die gewaltigen geopolitischen und makroökonomischen Veränderungen wurden überall von einem rasanten Kommunikationsfortschritt begleitet.

Die Globalisierung brachte dem westlichen Finanzsystem, insbesondere dem Investmentbanking, starke neue Impulse. Große multinationale Firmen benötigten Rat, Kredite und banktechnische Fazilitäten, um in neue Märkte vorzudringen, Tochtergesellschaften zu gründen oder Unternehmen in Schwellenländern zu kaufen. Staaten, die bis dato der Planwirtschaft unterlagen, waren ihrerseits auf Rat angewiesen, wie sie ihre Wirtschaft öffnen und nationalisierte Unternehmen privatisieren und möglicherweise an die Börse bringen konnten. Börsen mussten dafür aber erst einmal aufgebaut werden. Die Transformation von der Plan- zur Marktwirtschaft war für sie alle schwierig und schmerzhaft.

In den Neunzigern war ich mehrere Jahre im Investmentbanking Research tätig und beschäftigte mich viel mit der Entwicklung in Russland. Die russische Regierung unter Jelzin ließ sich von amerikanischen, aber auch britischen Investmentbankern beraten. Heerscharen von Anfang Dreißigjährigen mit roten Hosenträgern (damals die große Mode bei jüngeren Investmentbankern, wobei die Wahl der Farbe rot wohl nicht unbedingt als Solidarisierung mit dem untergegangenen Sowjetsystem gemeint war) flogen regelmäßig erster Klasse nach Moskau und predigten die schnelle Öffnung der Märkte, die Privatisierung der staatlichen Unternehmen und die freie Konvertierbarkeit des Rubels. Das war zwar schon damals absehbar kein guter Rat, aber er wurde angenommen. Vor allem spülte er enormes Geld in die Kassen der Investmentbanken; das war alles Service und Beratung ohne notwendige Eigenkapitalunterlegung, das optimale Geschäft.

Allerdings gab es zu dieser Zeit auch richtige Pioniere unter den Bankern. Ich hatte einen Kollegen, der aus der ehemaligen DDR kam, in Moskau studiert hatte und hervorragend russisch sprach. Während des Studiums hatte er viele russische Kommilitonen kennengelernt, die jetzt zur aufstrebenden politischen Elite gehörten und unter Jelzin Minister oder Manager großer Konzerne wurden. Seine Verbindungen waren exzellent. Deshalb luden die Russen ihn auch immer dann ein, wenn es um etwas exotischere Vorhaben ging. Die Geschichten, die er erzählte, wenn er von einer seiner Reisen aus dem Osten zurückkam, klangen freilich wie aus einer anderen Zeit: Stehplatz im zusammengenagelten Flugzeug zusammen mit Hühnern, Gänsen, Gemüsekörben und allem, was die Bauern so im Flugzeug mitnahmen, um es ganz nach Kapitalistenart auf einem entfernt gelegenen Markt, wo es solche Spezereien nicht gab, gewinnträchtig zu verkaufen. Der Job des Kollegen war nicht ganz ungefährlich.

Ich arbeitete zu der Zeit für ein japanisches Wertpapierhaus (sprich eine Investmentbank). Mein Arbeitgeber hatte mit dem Land Brandenburg einen Vertrag geschlossen und sich verpflichtet, sich um japanische Direktinvestitionen in der Region zu bemühen. Man ging davon aus, dass die großen internationalen Firmenkunden in der japanischen Heimat interessiert waren an solchen Investitionen, sei es auf der grünen Wiese oder durch Kauf von der Treuhand. Hier winkten Gebühren im Geschäft mit Übernahmen und Fusionen. Meine Aufgabe war es in den Jahren 1991/92, solche Geschäftsmöglichkeiten auszuloten. Das stellte sich als eine sehr undankbare Aufgabe heraus. Die Aufklärungsarbeit war immens. Man musste die bei den Japanern ziemlich verfestigte Vorstellung aufbrechen, dass die ehemalige DDR irgendwie ein Teil Russlands gewesen wäre, sie überzeugen, dass nach der Wiedervereinigung in der Tat die bundesrepublikanischen Gesetze auch in Ostdeutschland galten und von den Behörden durchgesetzt wurden und dass die Menschen dort sehr gut ausgebildet waren, wenngleich sie nur wenig englisch sprachen.

Aber es gab auch Kommunikationsprobleme anderer Art. 1992 flog ich mit einer brandenburgischen Delegation nach Japan, um mit potenziellen Investoren zu sprechen und den Standort Brandenburg zu präsentieren. Unter anderem wurden wir während dieses Aufenthalts zu einem ganz wunderbaren abendlichen Festessen eingeladen: eine unglaubliche Anzahl von Gängen, bestimmt 20 bis 30, jeder Gang eine wahre Augenweide, jedes Gericht ein Gemälde. Unsere Gastgeber waren denn auch offensichtlich stolz auf das, was sie uns vorsetzten. Aber jeder Gang bestand aus nur zwei bis drei Häppchen, damit man nicht zu schnell satt wurde. Und da fingen einige in der deutschen Delegation an, sich ziemlich laut über den Tisch hinweg über das Essen lustig zu machen. Was denn der ganze Firlefanz solle, man sei schließlich zum Essen eingeladen und nicht, um mit Häppchen abgespeist zu werden, man hätte vielleicht doch lieber im Hotel bleiben sollen. Selten ist mir in meinem Leben etwas so peinlich gewesen; wenn ich gekonnt hätte, wäre ich im Boden versunken.

Die Investorensuche war dann auch vergeblich – wohl weniger wegen des Festmahls, eher weil es um diese Zeit mit der japanischen Volkswirtschaft bergab ging. Potenzielle Investoren machten sich in erster Linie Sorgen um ihre bestehenden Absatzmärkte und interessierten sich nur bedingt für ungewisse Neuinvestitionen in einer Region, die für sie einen weißen Fleck auf der Landkarte darstellte.

Ich weiß nicht, ob mein damaliger Arbeitgeber überhaupt je eine Transaktion im Bereich von Fusionen und Übernahmen erfolgreich hat vermitteln können, zu meiner Zeit ist die Suche jedenfalls erfolglos geblieben.

Für mich persönlich hatte diese Zeit allerdings etwas Gutes: Ich sah zum ersten Mal Potsdam und Schloss Sanssouci und die im Kalten Krieg berühmt-berüchtigte Glienicker Brücke. Auf der waren noch wenige Jahre vor der Wende Spione ausgetauscht worden. Als ich über die Brücke fuhr und Schloss Cecilienhof besuchte, bekam ich feuchte Augen. Die Mauer war erst zwei Jahre zuvor gefallen, ich hatte, wie viele meiner Generation, nicht geglaubt, dass ich das alles einmal sehen würde; ich war Kind gewesen, als die Mauer gebaut wurde, ich kannte die DDR nur aus den Medien und Ostdeutschland nur von Erzählungen der Eltern.

Die ehemaligen Ostblockstaaten und die Schwellenländer waren ein gefundenes Fressen für die Banken. Wohl beinahe alle international tätigen Banken sprangen auf den Zug, um an der großen Konvergenzentwicklung und entsprechenden Anlagestrategien teilzuhaben. Das lief grob vereinfacht so: zunehmende marktwirtschaftliche Ordnung, unabhängigere Geldpolitik, gesündere Haushaltpolitik, zunehmend gewinnorientierteres Unternehmensmanagement, Stabilisierung des Wechselkurses, sinkendes Zinsniveau. All das zusammen macht sowohl Anleihen als auch Aktien attraktiv und verschafft ihnen ein erhebliches Kurspotenzial.

Die globalen amerikanischen Banken widmeten sich besonders den sogenannten BRIC-Staaten (Brasilien, Russland, Indien, China), die europäischen dem näher gelegenen Zentral-, Südost- und Osteuropa inklusive Russlands. In der City sprach ich im Laufe der Jahre mit sehr vielen Analysten, die sich auf diese Länder spezialisiert hatten und Ratschläge für Aktien oder andere Anlagen in dieser Region gaben. Ihr Grundwissen war erstaunlich gering: Weder kannten sie Geschichte und Kultur der von ihnen betreuten Regionen, noch verstanden sie viel von den besonderen, in einer Plan- oder Transformationswirtschaft üblichen Verflechtungen zwischen Ökonomie und Politik, noch konnten sie sich in die schwierige Situation der Entscheidungsträger hineinfühlen. In den Empfehlungen insbesondere der angelsächsischen Banker blieben die politischen und gesellschaftspolitischen Dimensionen meist vollkommen außer Acht. Manchmal haperte es allerdings auch ein bisschen an Geographiekenntnissen. Ich entsinne mich an eine Veranstaltung 1993, bei der auch mehrere Vertreter aus Tschechien und der Slowakei teilnahmen. Am Rande der Konferenz sagte ein Tscheche zu mir, er würde sich wünschen, meine Kollegen würden ihn und seine Landsleute nicht immer als Osteuropäer bezeichnen, woraufhin ein anderer in der Runde, offensichtlich ein Slowake, trocken meinte, ja, und es wäre auch nett, wenn die Kollegen die Slowakei nicht immer mit Slowenien verwechselten.

Auch ist mir in Erinnerung geblieben, wie ich sehr viel später, 2007 oder 2008, nach einem Interview über türkische Kapitalmärkte den interviewten Analysten nach dem Namen des ersten türkischen islamistischen Ministerpräsidenten fragte. Ich konnte mich nicht mehr auf den Namen besinnen, wusste nur, dass er Ende der neunziger Jahre im Amt gewesen war (Necmettin Erbakan, 1996/97). Die Antwort des Analysten war ehrlich, aber bezeichnend: »Keine Ahnung. Das war, bevor ich für die Türkei zuständig wurde.«

Das Geschäft mit den Schwellenländern erlitt eine gewisse Zäsur durch die große Krise dieser Märkte, die 1997 in Asien ihren Anfang nahm und nur ein Jahr später Russland erfasste. Der russische Staat wurde zahlungsunfähig. Diese Entwicklung war ein herber Rückschlag für die betroffenen Banken, und in der City folgte 1998/99 eine große Entlassungswelle. Meine damalige Bank hatte wohl auch zu blauäugig auf die immer höheren Bewertungen von Wertpapieren und anderen Aktiva aus den Schwellenländern gewettet, ein großer Teil der Belegschaft musste sich nach etwas Neuem umschauen.

Mein Mann und ich waren zu der Zeit gerade im Urlaub und verbrachten ihn zu Hause im Garten. Eines Tages klingelte das Telefon, und mein Boss eröffnete mir, dass ich nun leider meinen Job verloren hätte. Wenn ich nach dem Urlaub wieder ins Büro käme, dann bitte nur, um ganz schnell meinen Schreibtisch leer zu räumen, keine Minute länger. Nach dem Telefonat saß ich zwar wieder im Garten, aber in Wirklichkeit auf der Straße – so schnell und unzeremoniell kann das in der City gehen.

Einen neuen Job zu finden war gar nicht so einfach. Kaum hatte ich jemanden dingfest gemacht, mit dem ich ein Vorstellungsgespräch führen zu können hoffte, schwupp, da war er selbst entlassen. Die Jobsuche gestaltete sich zäh. Glücklicherweise war ich in den zurückliegenden Jahren häufig als Analystin im Fernsehen zu sehen gewesen; die Banken sahen es gerne, wenn ihre Leute vor der Kamera »Reklame« machten. Diese Kontakte nutzte ich jetzt, um im Markt als Einstellungskandidat im Gespräch zu bleiben. Vier- bis fünfmal pro Woche trat ich bei den einschlägigen Fernsehsendern und -kanälen als Analystin auf, ich hatte ja Zeit, und mein Job war es, einen Job zu finden. Den habe ich dann nach einigen Monaten auch gefunden, allerdings nicht bei einer Bank, sondern beim Fernsehen.

Nur ein bis zwei Jahre nach der Krise der Schwellenländer heuerten die City-Banken wieder an – und zwar deutlich mehr Leute, als sie vorher entlassen hatten. Das Spiel begann von neuem.

Vom Wettbewerb unter den Banken

Die Globalisierung bedeutete für die Banken nicht nur ein größeres Betätigungsfeld und höhere Gebühren, also etwas für sie Positives, sie hatte auch einen negativen Aspekt: Sie verstärkte noch einmal den Wettbewerb zwischen den Banken, denn jede wollte das größte Stück vom neuen Kuchen. Unabhängig von den Effekten der Globalisierung verschärfte sich der Wettbewerb Ende der neunziger Jahre durch die Verwischung der Grenzen zwischen Investmentbanken und Geschäftsbanken. Seit 1999 ist es den Geschäftsbanken in den USA gestattet, auch Investmentbanking zu betreiben. Für das Firmenkunden- und institutionelle Geschäft hatte das zur Folge, dass das typische

Geschäftsbankengeschäft (Cash Management, Kredite, Devisengeschäfte) und das typische Investmentbanking (kapitalmarktorientierte Leistungen wie Übernahmen und Fusionen, Verbriefungen, Aktien- und Anleiheemissionen) konvergierten und beinahe jeder mit jedem in jedweder Geschäftssparte konkurrierte. Der sprunghaft ansteigende technologische Fortschritt im Finanzwesen kam hinzu. Banken mit der neuesten Technologie, häufig auch kundenspezifisch ausgestaltet, konnten ihren Kunden einen besseren Service bieten; auch der Wettbewerb auf technologischem Gebiet war immens.

Die Konkurrenz zwischen den Banken, insbesondere im Investmentbanking, war erheblich. Ranglisten kamen in Mode und wurden schärfstens beäugt. In solchen Rankings wird regelmäßig aufgelistet, welche Bank in welchem Segment die besten Geschäfte macht. Wenn eine Bank auf diesen Listen zurückfällt, wird das in den Fachmedien ausführlich dargestellt und die Bankstrategie hinterfragt. Nicht nur von den Marktbeobachtern, sondern auch intern. Der jeweilige Geschäftsspartenleiter muss sich rechtfertigen, verliert vielleicht seinen Job. Ranglisten haben noch immer einen viel zu hohen Stellenwert.

Eine Folge der Verschärfung des Wettbewerbs war die Jagd nach möglichst hohen Eigenkapitalrenditen. Der Erfolg einer Bank wurde vor allem an der Eigenkapitalrendite gemessen, entsprechend entwickelte sich ihr Aktienkurs – und, wie wir inzwischen hinlänglich wissen, der Bonus. Dabei orientierte man sich häufig an den erfolgreichen US-amerikanischen Investmentbanken, übersah aber geflissentlich, dass diese sehr viel weniger reguliert waren als Geschäftsbanken und deshalb auch sehr viel riskantere Geschäfte machen konnten.

Der Chef der Deutschen Bank zum Beispiel, Josef Ackermann, rief 2005 das Ziel einer Eigenkapitalrendite von 25 Prozent vor Steuern aus und ist bei dieser Zielsetzung geblieben, obwohl sich die Banken seit der Finanzkrise in sehr viel schwierigerem Fahrwasser bewegen. 25 Prozent war (und ist) ein sehr ehrgeiziger Wert. Der konnte nicht nur über vermehrtes Geschäft und Kostensenkung erreicht werden. Deshalb wurden vermehrt eigene Aktien zurückgekauft. Das treibt zwar die Rendite hoch, aber das Eigenkapital schrumpft und steht in schlechten Zeiten nicht mehr zur Verfügung – insofern ist der Rückkauf eigener Aktien ein sehr zweischneidiges Schwert. Es ist Unsinn zu verlangen, dass Banken auf die Dauer eine so hohe Rendite erwirtschaften sollen. Ich möchte den sehen, der glaubhaft erklären kann, dass eine Bank per se einen höheren Mehrwert erzielt als ein Industrieunternehmen oder ein Dienstleister.

Ein Investor muss seine Anlagerendite immer mit der Rendite einer sicheren und als risikofrei geltenden Staatsanleihe vergleichen. Die Rendite einer Staatsanleihe spiegelt den Preis wider, den es kostet, dass Kapital zur Verfügung gestellt wird. Die Differenz zu einer privaten Anlagerendite ergibt sich daraus, dass deren Risiko höher als das einer Staatsanleihe ist. So liegt die Renditedifferenz, die »Risikoprämie«, für Anlagen in Aktien generell höher als die für Anleihen; die Prämien für Ramschanleihen wiederum liegen höher als die in Anleihen von Unternehmen, die von Ratingagenturen mit Investmentgrad benotet werden. Für dollarbasierte Anleger gilt eine US-Staatsanleihe als Maßstab, für eurobasierte eine Bundesanleihe. Bunds (auf zehn Jahre, sog. Benchmark) bringen zurzeit knapp dreieinhalb Prozent. Wenn eine europäische Bank eine Rendite von 25 Prozent vor Steuern aufweist, dann ist die Nettorendite geringer, sie liegt vielleicht bei etwa 18 Prozent. Das bedeutet gegenüber Bunds einen Aufschlag von knapp 15 Prozentpunkten, das ist die Risikoprämie. Eine Prämie in dieser Höhe ist aber nur gerechtfertigt, wenn die betreffende Bank sehr hohe Risiken eingeht. Sie kann nur deshalb angepeilt werden, weil sich die Banken der staatlichen »Versicherung« als Auffangnetz erfreuen – Moral Hazard!

Neben dem verschärften Wettbewerb (und der Aussicht auf dicke Boni) gibt es noch einen weiteren Grund für die Vorgabe hoher Zielrenditen: Die Banken verlangen zu viel Geld für ihre Produkte, ihr »Verkaufspreis« liegt eindeutig zu hoch, ihre Gewinnmarge ist unverhältnismäßig. (Die immensen Abschreibungen, die im Zuge der Krise vorgenommen werden mussten, hatten nichts mit der Gewinnmarge zu tun, sondern mit Spekulationsverlusten.) Erste Frage: Warum bezahlen die Kunden das? Nun, die Kunden sind in diesem Fall nicht Privatkunden, die mit ihrem eigenen Geld haushalten. Nein, es handelt sich bei dem großen Geld um institutionelle Großkunden wie Investmentfonds, andere Banken oder große Konzerne, und dort sind die Verantwortlichen Angestellte beziehungsweise Verwalter und Manager, die über anderer Leute Geld verfügen. Da kann man ruhig einem hohen »Verkaufspreis« zustimmen, das schmälert nicht das eigene Portemonnaie. Diese Leute sind vielmehr darauf bedacht, sich die Leistung eines der Marktführer zu sichern, so kann ihnen hinterher keiner einen Vorwurf machen, sollte sich die Leistung als nicht ganz so toll wie versprochen herausstellen.

Zweite Frage: Wie passt ein überhöhter Preis mit dem scharfen Wettbewerb zusammen? Antwort: Das große Investmentbanking wird weltweit von einem Oligopol betrieben, etwa einem guten Dutzend Banken. So scharf der Wettbewerb innerhalb des Oligopols auch sein mag, die Verkaufspreise werden im Wesentlichen eingehalten, Preiswettbewerb findet kaum statt, eine Krähe hackt der anderen kein Auge aus. Dieses Phänomen ist umso erstaunlicher, als die Leistungen der Oligopol-Banken ähnlich und viele Dienstleistungen für die Investmentbanken reine Routine sind. Gewiss, Goldman Sachs ist Marktführer, insbesondere dank der hervorragenden Vernetzung auf allerhöchster politischer Ebene, aber in Wahrheit muss man schon mit der Lupe suchen, um Qualitätsunterschiede in den Produkten zu finden. Die Liste der Investmentbanken, die jeweils die britische Regierung, die teilverstaatlichte Royal Bank of Scotland und Lloyds bei den Aktien-Neuemissionen von RBS und Lloyds im Herbst 2009 beraten haben, spricht Bände: UBS, Morgan Stanley, Merrill Lynch, Citigroup, Goldman Sachs, HSBC, JP Morgan, Casenove (gehört zu JP Morgan), Credit Suisse, Deutsche Bank. Da fehlt kaum einer, das Oligopol ist überall dabei.

Es ist richtig, dass einige Standardprodukte und bestimmte Großkredite im Zuge der Überhitzung und aufgrund des scharfen Wettbewerbs billiger wurden. Man

darf sich dadurch aber nicht täuschen lassen. Die Kreditvergabe erfolgte zwar in vielen Fällen mit einer nur noch
mikroskopisch kleinen Zinsmarge, darauf aber gründete
die nicht unberechtigte Hoffnung, dass einem derselbe
Kunde anschließend ein gebührenträchtiges Investmentbanking-Geschäft übertrug. Der billige oder sogar »kostenlose« Kredit war der Speck, mit dem man Mäuse
fängt.

Aber es gab noch andere Köder, um den Kunden ein
Geschäft schmackhaft zu machen, zum Beispiel die sogenannten Covenants-Lite. Bei den Covenants, die in einem
Kreditvertrag festgelegt werden, handelt es sind um Auflagen für den Kreditnehmer, die der Absicherung des Kreditgebers dienen; sie sind das A und O solider Kreditvergabe. Auf solche Klauseln wurde mit Blick auf das An-
schlussgeschäft jetzt immer häufiger verzichtet. Damit
begab sich eine Bank jeglicher Steuerungs- und Eingriffsmöglichkeiten bei drohendem Verzug.

Covenants-Lite-Verträge wurden häufig im LBO-Ge-
schäft (Leverage Buy Out) angewendet. Bei den LBOs
handelte es sich meistens um Geschäftsübernahmen durch
Private-Equity-Gesellschaften, die überwiegend fremd-
finanziert sind, also durch Schuldenaufnahme und nicht
durch Eigenkapital. Die Private-Equity-Gesellschaften
hatten ähnlich wie die Hedgefonds erhebliche Mittelzu-
flüsse zu verzeichnen und benutzten diese, um auf »Ein-
kaufstour« zu gehen. Dank der hohen Fremdverschuldung
konnte die Rendite auf das eingesetzte Eigenkapital erhöht
werden. Bei den Übernahmen ging es häufig um Kredite in
Höhe einiger Milliarden. Trotz solcher Volumina gewähr-

ten viele Banken Covenants-Lite-Kreditverträge – Hauptsache, Geschäft wurde gemacht. Leverage bedeutet so viel wie Hebeleffekt: eine verräterische Vokabel.

Aus Sicht der Banken war der Kredit bei einem LBO oft nicht mehr als ein lästiges Muss, der Mäusespeck eben; konnte sie ihn nicht vollständig am Markt weiterverkaufen, musste die Bank Eigenkapital dagegenhalten. Das, was die Banken an den LBOs schätzten, waren die Gebühren für das Arrangement solcher Megadeals, und die waren heftig. Etwa ein bis drei Prozent der Fremdkapital-Tranche und etwa fünf bis acht Prozent der Tranche für das haftende Kapital. Bei einer wirklich großen Transaktion von, sagen wir, zehn Milliarden US-Dollar sprechen wir immerhin von mehreren hundert Millionen Provision. Covenants-Lite fangen im Übrigen erst in schlechten Zeiten an, die Kreditgeber zu beißen, da könnte also noch einiges auf die Banken zukommen.

Nicht nur reguläres und legales Geschäft wurde der Klientel schmackhaft gemacht, auch illegales oder zumindest solches von zweifelhafter Legalität. Man denke an die schweizerische UBS, die, wie es in der amerikanischen Anklage heißt, US-Bürgern massiv zur Steuerhinterziehung verholfen haben soll. Bisher hat UBS 780 Millionen Dollar an Strafe gezahlt und überdies zugesagt, den US-Steuerbehörden die Namen Tausender amerikanischer Kunden preiszugeben, trotz des schweizerischen Bankgeheimnisses. Dieser Steuerskandal hat erfreulicherweise auch bei anderen internationalen Steuerbehörden eine schärfere Gangart ausgelöst – den Steuerparadiesen bläst ein zunehmend stärkerer Wind entgegen.

Nicht, dass der Vorwurf der Steuerhinterziehung neu wäre. Insbesondere auf Bankplätzen in der Schweiz, Österreich, Luxemburg und Liechtenstein wurde über Jahrzehnte die Steuerhinterziehung für wohlhabende Privatkunden, aber auch für Firmen begünstigt. Einem Nichteingeweihten musste sich Anfang der neunziger Jahre der Eindruck aufdrängen, dass die deutschen Banken Ähnliches im Sinn hatten, und zwar in großem Stil. In jeder Zeitung wurde unverblümt mit Anlagen in Luxemburg geworben. Dass man damit den Staat schädigt und die Allgemeinheit, das heißt auch die weniger betuchte Bevölkerung, betrügt, wurde in diesen Anzeigen natürlich nicht erwähnt. Ich habe mich über diese Werbekampagne der deutschen Banken fürchterlich aufgeregt, fand sie skandalös; das widersprach so allem, was ich von zu Hause mit auf den Weg bekommen hatte.

Der harsche Wettbewerb fand nicht nur zwischen den Banken, sondern auch zwischen den Fondsmanagern statt. Im Investmentbanking Research arbeiteten wir auf einem Teilgebiet eng mit den Kollegen vom Fondsmanagement zusammen. Die spezialisierten sich auf Schwellenländer. Wir erstellten den entsprechenden internen Research, indem wir Einschätzungen, Anregungen, Kommentare zusammenfassten, aber auch den externen Bericht, der an die Kunden weitergegeben wurde. Die Fondsmanager achteten sehr genau darauf, dass in den für die Kundenpräsentation bestimmten Papieren nichts zu Negatives stand, denn das hätte potenzielle Investoren abschrecken können.

Ich versuchte immer, klare und nüchterne Analysen zu

schreiben. Das bedeutete, dass ich auch die kommerziellen und politischen Gefahren der entsprechenden Länder benennen musste. Da ich meinen Namen nicht unter geschönte Halbwahrheiten oder glorifiziertes Wunschdenken setzen wollte, ist es mir ein paar Mal passiert, dass der Leiter des Fondsmanagements es ablehnte, für meine Analyse die Druckkosten zu übernehmen. Das letzte Mal, dass mir solche Barrieren in den Weg gelegt wurden, war im Frühsommer 1998, als ich davon sprach, dass die Zahlungsunfähigkeit Russlands nur noch eine Frage der Zeit sei – im August war es so weit, aber da stand ich schon seit zwei Wochen auf der Straße.

Die Rolle der Notenbanken bei der Jagd nach Rendite

Bei der Jagd nach Rendite waren die Banken nicht nur die Treibenden, sondern auch die Getriebenen. Ihnen saßen die Investoren im Nacken, die nach Rendite verlangten. Einschränkend muss man allerdings hinzufügen, dass die Investoren häufig die Banken selbst waren, die Papiere oder andere Aktiva von anderen Banken kauften, wenn ihnen die Rendite attraktiv erschien.

Kurz nach der Jahrtausendwende setzte eine Periode relativ magerer Realverzinsung ein; der amerikanische Leitzinssatz wurde nach dem Bersten der Dotcom-Blase Anfang 2001 sukzessive und nach den Terroranschlägen vom 11. September rapide nach unten geschleust und betrug zwischen Juni 2003 und Juni 2004 nur noch ein Prozent. Mit der Erholung der US-Konjunktur und einem sich anbahnenden Inflationsdruck ging es in mehreren kleinen Schritten bis auf 5¼ Prozent wieder aufwärts. Ab September 2007, im Zuge der sich abzeichnenden Finanzkrise, wurde er wieder gesenkt, seit Ende 2008 liegt er bei effektiven null Prozent. In der Eurozone verlief die Bewegung des Zinssatzes ähnlich, aber moderater; das Hoch wurde Ende 2000 mit 4¾ Prozent erreicht, das vorübergehende Tief 2003/04 betrug zwei Prozent, im Jahr 2009 lagen wir bei einem Prozent. Das sind Zinssätze, die für einen Anleger nicht besonders attraktiv sind, zumal die Inflationsraten in der Eurozone um die 2 bis 2½ Prozent lagen, 2008 sogar bis zu vier Prozent betrugen; in den USA lagen die Raten deutlich höher und betrugen 2008 bis zu weit über fünf Prozent.

In diesem Zusammenhang muss man auch die giftigen Verbriefungen sehen. Die brachten den Banken nicht nur Gebühren ein, sondern wurden von den Anlegern auch stark nachgefragt, da sie häufig eine attraktive Rendite auswiesen; bei gleicher Benotung durch die Ratingagenturen konnte die Renditedifferenz zu normalen Unternehmensanleihen bis zu drei Prozentpunkte ausmachen. Auch die Explosion der Anlagevolumina der Hedgefonds kam durch das viele Geld, das die Anleger gerne renditestark anlegen wollten. Das Gleiche galt für Private-Equity-Gesellschaften. Alle diese Anlageformen brachten eine relativ gute Rendite und konnten – und das war extrem wichtig – billig finanziert werden. Damit war ein hohes Maß von Fremdverschuldung vorgezeichnet, ein hohes Maß an »Le-

verage« (Hebeleffekt), so ließ sich eine ordentliche Nettorendite erwirtschaften. In der Krise war man dann allerdings doppelt gekniffen: Viele Aktiva stellten sich als
Schund heraus, und die Banken drängten auf Rückführung der hohen Fremdverschuldung.

Dieses Rad drehte und drehte sich, und die starke Überhitzung wurde öffentlich diskutiert. Im Juli 2007 gab der
damalige Chef der Citibank, Chuck Prince, ein Interview,
das in die Annalen eingegangen ist. Er verglich das rasante
Tempo, mit dem die Banken Transaktionen durchführen,
und die sichtbare Überhitzung des Marktes mit der »Reise
nach Jerusalem«. Das Spiel kennen wir alle noch aus unserer Kindheit: Es gibt einen Stuhl weniger als Teilnehmer,
und sobald die Musik aufhört zu spielen, muss man sich
schnell setzen. Wer keinen Stuhl abbekommt, scheidet aus,
ebenso derjenige, der sich vorher setzt. Die Musik spiele
noch, sagte Prince in seinem Interview – mit Musik meinte
er die übermäßig vorhandene Liquidität –, und deshalb
könne es sich keine Bank erlauben, sich vorschnell hinzu-
setzen, denn sonst würde sie ausscheiden. Solange noch
Geld in den überhitzten Märkten zu verdienen sei, das
heißt, solange die Musik spiele, werde seine Bank mittan-
zen. Nicht einmal einen Monat später, im August 2007,
brach die Finanzkrise aus – die Musik hatte aufgehört zu
spielen. Im November 2007 räumte Prince seinen Stuhl.

Kapitel VI

Sorglosigkeit und Bequemlichkeit

Dem großen Finanzkrach waren viele Jahre beständigen Wachstums mit zunehmender Beschäftigung, wachsender Prosperität und moderater Inflation vorausgegangen. Eine solche Phase nennen Volkswirte heutzutage eine »Goldilocks«-Situation: Alles läuft prima, beständig, nachhaltig, nicht exzessiv, erlaubt den Notenbanken eine Niedrigzinspolitik und schafft damit beste Voraussetzungen für eine nachhaltig wachsende Volkswirtschaft. Und das alles trotz des Terroranschlags auf das World Trade Center und des Irakkrieges.

Der Name Goldilocks stammt aus einem englischen Märchen, in dem ein goldgelocktes Mädchen in den Wald wandert, auf das Haus der Bärenfamilie stößt und dort deren Haferbrei isst, der nicht zu heiß, nicht zu kalt, sondern gerade richtig ist; auf einem Stuhl sitzt, der nicht zu groß, nicht zu klein, sondern gerade richtig ist; in einem Bett schläft, das nicht zu hart, nicht zu weich, sondern gerade richtig ist. Goldilocks ist angeblich erstmals Anfang der neunziger Jahre von einem Investmentbanker als ökonomische Zustandsbeschreibung benutzt worden, seitdem hat sich der Ausdruck sehr schnell das volkswirtschaftliche Vokabular erobert.

Wenn alles prima läuft, braucht man sich keine Sorgen mehr zu machen. Dann dauert es nicht mehr lange, und man wird sorglos und noch ein bisschen später so richtig bequem. Und das konnte man wie im Bilderbuch beobachten. Das jedem Geschäft inhärente Risiko verschwand aus dem Blick und geriet zum Teil in den Bereich des toten Winkels. Genauso wie im Märchen, ohne Happy End. Als die Bärenfamilie nämlich zurückkam, fand sie Goldilocks schlafend in ihrem Bett und grummelte mächtig. Da rief Goldilocks »Hilfe«, rannte zurück in den Wald und ward nie mehr gesehen.

Subprime-Hypotheken: Auslöser der Krise, nicht ihre Ursache

Als Subprime-Hypotheken bezeichnet man jene Hypotheken, die in den USA überwiegend Kreditnehmern gewährt wurden, die in der Vergangenheit eine nicht einwandfreie Zahlungsmoral aufgewiesen hatten oder über ein zu geringes oder gar kein Einkommen verfügten; Einkommensbelege wurden meist nicht verlangt oder nicht verifiziert. Außerdem waren Zinszahlungen in der Mehrheit der Fälle gestaffelt. Als Anreiz zur Hypothekenaufnahme wurden in den ersten Jahren keine Tilgungen und Zinsen unter Marktniveau verlangt; aber nach zwei bis drei Jahren wurden die Zinsen auf Marktniveau angehoben (die in den ersten Jahren zu wenig bezahlten waren unterdessen auf die Kreditsumme aufgeschlagen worden), und die Rückzahlung begann. Da gab es dann für viele Kreditnehmer ein böses Erwachen.

Jeder vernünftige Mensch fragt sich, wie ein solches Ge-schäftsmodell auf die Dauer gutgehen kann. Und da kam die Sorglosigkeit ins Spiel. Die amerikanische Regierung unterstützt(e) aktiv den Erwerb des Hauseigentums der Bevölkerung, Zinsen waren niedrig, Banken wollten Kre-dite vergeben, Investoren wollten Rendite, es war einfach, Hypotheken umzuschulden – und darauf basierte der gan-ze Spuk. Als sich dann irgendwann die Zinsausfälle zu häufen begannen und Hypothekenrefinanzierung nicht mehr so leicht möglich war und es zu ersten Zwangs-versteigerungen kam, nahm die Krise ihren sichtbaren An-fang.

Die Gewährung von Subprime-Hypotheken, extrem leichtfertig, zum Teil wohl sogar illegal, war zwar letztlich der Auslöser der Immobilienkrise und des nachfolgenden Finanzkrachs, aber sie war nicht die Ursache des ganzen Schlamassels. Die Ursachen waren das billige Geld und die Jagd von Banken und Investoren nach höherer Rendite.

Anders als in Deutschland waren in den USA und Groß-britannien Beleihungen von Wohnimmobilien von bis zu 125 Prozent des Marktwertes nicht unüblich. Die britische Hypothekenbank Northern Rock tat das zum Beispiel. Das kann nur gutgehen, wenn der Kreditnehmer entwe-der extrem zahlungskräftig und -willig ist oder wenn die Hauspreise immer weiter steigen. Ich habe es bereits er-wähnt: In Großbritannien war der Glaube an Hauspreise, die nur in eine Richtung gehen könnten, weit verbreitet, obwohl Ende der achtziger, Anfang der neunziger Jahre die Preise signifikant um zwanzig bis dreißig Prozent ein-gebrochen waren.

Zur Miete wohnen ist in Großbritannien nicht besonders gut angesehen, es hat einen leichten Geruch von sozialer Unterschicht. Das gilt allerdings nicht für Ausländer, die von ihren Arbeitgebern für eine gewisse Zeit nach England geschickt werden. Deren Firmen mieten häufig Wohnungen und Häuser für ihre Angestellten, die in London tausend Pfund und mehr pro Woche kosten. Aber abgesehen von diesem ganz kleinen Marktsegment ist der Mietmarkt in England wegen der unzureichenden Mietgesetzgebung unterentwickelt. So wohnen etwa siebzig Prozent der Briten in ihrem eigenen Haus oder ihrer eigenen Wohnung, in Deutschland sind das nur gut vierzig Prozent der Bevölkerung. Hinzu kommt die über Jahrzehnte während Berg-und-Tal-Fahrt der britischen Konjunktur, die häufig mit hohen Inflationsraten einherging. Bei hoher Inflation war der Hausbesitz die einzig sichere Kapitalanlage für den Normalbürger, wobei seine Hypothek durch die Inflation zusätzlich real an Wert verlor. Hypothekarisch belasteter Hausbesitz war also in solchen Zeiten ein doppelter »Gewinn«.

Als ich nach England kam, wurde mir von meinen Kollegen und Vorgesetzten aufs dringendste empfohlen, eine Immobilie zu kaufen, obwohl ich ursprünglich nur vier, fünf Jahre bleiben wollte. Der Preis könne nur steigen, hieß es. Mir war sehr unwohl, eine so hohe Verschuldung einzugehen, ich hatte kaum Erspartes, und die Hauspreise lagen schon damals in Großbritannien sehr viel höher als in Deutschland. Zu Hause hätte ich das nie und nimmer getan – hätte mir wohl auch keiner das Geld dafür gegeben. Aber mein Londoner Arbeitgeber hat mir das Geld geliehen, und ich muss sagen, es war die beste Investition meines Lebens. Als ich die Wohnung nach knapp neun Jahren verkauft habe, war sie sage und schreibe viermal so viel wert. Mit mehr Glück als Verstand hatte ich mit einem Mal ein sehr ordentliches Eigenkapitalpolster.

Nur, diese Zeiten sind jetzt erst einmal vorbei, die britischen Hauspreise sind ähnlich gesunken wie vor zwanzig Jahren, und viele wohnen in einer Immobilie, die weniger wert ist als der Betrag der aufgenommenen Hypothek. Im August 2009 zeigte eine Branchenanalyse, dass das für etwa zwei Millionen britischer Haushalte galt; weitere anderthalb Millionen konnten nicht umziehen, weil entweder das Kapitalpolster zu klein war – Umziehen kostet Geld, Maklerkosten werden vom Verkäufer getragen, es fällt außerdem eine Stempelsteuer an – oder sie eine Subprime-Hypothek hatten, die ihnen keine Bank zu ähnlichen Bedingungen refinanziert hätte.

In den USA war die Situation für die Banken noch dramatischer, weil viele Hypothekenverträge keine Rückgriffmöglichkeiten auf den Kreditnehmer zuließen, dieser also nicht persönlich haftbar war. Nachdem die US-Hauspreise anfingen zu fallen, sind deshalb viele Hausbesitzer, deren Hypothek den Immobilienwert überstieg, einfach ausgezogen und haben der Bank per Post den Haustürschlüssel zurückgeschickt – was in den englischsprachigen Medien so nett mit »jingle mail« (klingelnde Post) bezeichnet wird. Dieser Umstand hat natürlich den Druck auf die Hauspreise weiter erhöht, denn die Banken mussten die Häuser versteigern, um wenigstens einen Teil des Kredits wieder reinzuholen.

Wir haben Freunde, deren Sohn in den USA lebt. Der hatte im Herbst 2008 seine Arbeit verloren. Seine Frau verdiente nicht genug, um die beiden mit allem Drum und Dran über Wasser zu halten. Ihre Hypothek war höher als der Preis, den sie für ihr Haus auf dem damaligen Markt hätten erzielen können. Also sind sie schweren Herzens, aber kurz entschlossen ausgezogen und haben sich eine kleinere Mietwohnung genommen. Die Hypothek war jetzt nicht mehr ihr Problem; sie hatten das Gefühl, mit einem blauen Auge davongekommen zu sein.

Fehlender Selbstbehalt

Ein anderes Problem, das im Zuge der Immobilienkrise auftrat, war die bei der Verbriefung von Hypotheken zunehmende Praxis eines fehlenden Selbstbehalts seitens der verbriefenden Bank. Hier manifestierte sich die Sorglosigkeit der Investoren, die diese Praxis erlaubten. So wälzte die verbriefende Bank ihr eigenes Risiko zur Gänze auf die Investoren ab – die häufig wiederum Banken waren –, indem sie die Position zu hundert Prozent verkaufte. Für die verbriefenden Investmentbanken gab es einen großen Anreiz, denn solche Transaktionen bedurften keiner bleibenden Kapitalunterlegung. So konnte man wie am Fließband verbriefen und weiterverkaufen und dafür Gebühren einsammeln. Das optimale Investmentbanking-Geschäft: Gebühren statt Zinsen oder risikobehafteter Handelspositionen. Letztere bedeuten ein unterliegendes Risiko und damit Eigenkapitalunterlegung, Gebühren gibt es für reinen Service. Ein solches Geschäft treibt die Eigenkapitalrendite in die Höhe, damit den Kurs der Bankaktie und damit, wir ahnen es, den Bonus.

Die Investoren und die Bankenaufsicht schauten weg und ließen es damit zu, dass die Investmentbanken gar kein Interesse mehr an nachhaltiger und sorgfältiger Risikoanalyse hatten. So etwas hätte ich nie passieren lassen. Ich habe immer Selbstbehalte von den Banken verlangt, die meiner Bank ein Risiko weiterverkaufen wollten, und dies auch vertraglich festgelegt. Das bedurfte manchmal zwar zäher Verhandlungen, denn auch schon früher wollten die Banken, die eine Transaktion arrangiert hatten, das Risiko am liebsten zur Gänze verkaufen. Das eine oder andere Geschäft ist an diesen Verhandlungen gescheitert, aber ich wollte sicherstellen, dass diese Banken das Kreditrisiko auch im Eigeninteresse beständig scharf beobachteten. Daran war überhaupt nichts besonders Schlaues, dazu bedurfte es nur eines gesunden Menschenverstandes.

Modellverliebtheit

Die heutige Finanzwelt ist ein Dorado für mathematische Wunderkinder. Ob Derivate, ob computergesteuerte Handelsstrategien, überall werden komplizierte Modelle benutzt, und die müssen natürlich auch ausgetüftelt werden. Außerhalb der Bankenwelt ist das nicht so bekannt, aber viele Investmentbanker oder Hedgefonds-Manager

sind mathematisch hochversiert, nicht selten mit entsprechenden akademischen Qualifikationen. Leider machte
sich auch hier Sorglosigkeit bemerkbar. Gerade weil viele
Manager akademisch so gut ausgebildet waren, glaubten
nicht nur sie selbst, sondern auch andere Marktteilnehmer
und -beobachter an die Validität ihrer Modelle. Das galt
für die jeweiligen Topmanager der Banken, das galt aber
auch für die Aufsichtsbehörden.

Bei den komplexen Derivaten wie CDS waren gültige
Modelle besonders wichtig. Diese Derivate wurden nicht
an der Börse gehandelt, sondern zwischen zwei Vertragspartnern »maßgeschneidert« (generell OTC genannt,
»over the counter«). Insofern gab es keinen »Marktpreis«.
Was ist zu tun, um den Wert eines solchen Kontrakts zu
bestimmen? Nichts leichter als das. Jeder errechnet den
Wert anhand seines Modells. Und da beide Vertragspartner davon ausgehen, dass sie mit ihrer Wette richtig liegen,
werden jedenfalls zunächst auch beide Modelle zeigen,
dass der Kontrakt einen Gewinn bringen wird. Logisch ist
das zwar unmöglich, denn es handelt sich um ein Null-
summenspiel: Wenn der eine gewinnt, verliert der andere.
Aber ob man es glaubt oder nicht, so lief es – und so läuft
es.

Nicht nur das Gewinn-und-Verlust-Risiko einzelner
Produkte oder Anlagestrategien wird in Modellen erfasst,
sondern natürlich auch die Risikokontrolle einer Bank. Je
nachdem, wie hoch das Risiko ausfällt, muss die Bank
Eigenkapital unterlegen. Und Eigenkapitalunterlegung ist
teuer, das senkt die Eigenkapitalrendite, den Aktienkurs,
und damit – man ahnt es bereits – den Bonus. Insofern ist

Banken daran gelegen, ein eher geringeres als ein höheres Gesamtrisiko auszuweisen. Banken würden mit Sicherheit nie wissentlich ungültige Modelle verwenden, es sei denn, sie säßen einem betrügerischen Mitarbeiter auf, aber wo ihr Interesse liegt, ist klar.

In der Finanzmarktkrise galt mit einem Mal die in der Statistik so bewährte Gauß'sche Normalverteilung bei den Renditen nicht mehr. Das 2007 veröffentlichte und in der Finanzwelt berühmt gewordene Buch von Nassim Nicholas Taleb »Schwarzer Schwan« zeigte, dass völlig Unvorhergesehenes statistisch häufiger eintreten kann als angenommen. Liebgewordene Annahmen über Korrelationen erwiesen sich als falsch, die Modelle der Banken und ihre von ihnen selbst oft und gern zitierten »Value at Risk«-Berechnungen (die sichere Annahme, dass ein bestimmter Verlust in einem bestimmten Zeitraum und mit einer bestimmten Wahrscheinlichkeit nicht überschritten wird) offenbarten ihre Fehler.

Wie so vieles ist auch der irrtümliche Glaube an das eigene Modell in der Finanzwelt nichts Neues. Vor gut zehn Jahren stand der amerikanische Hedgefonds LTCM (Long-Term Capital Management) infolge der Krise der Schwellenländer und seiner eigenen fehlgesteuerten Modelle vor dem Aus. Der Fonds wurde unter der Ägide der New Yorker Federal Reserve spektakulär gerettet. Zwei Vorstandsmitglieder waren Nobelpreisträger, beide hatten den Preis für neue mathematische Modelle erhalten, die den Wert von Derivaten und anderen Anlageformen bestimmten. Wenn die es nicht wussten, wer dann?

Aufsichtsbehörden werden unachtsam

Es ist zu hoffen, dass zumindest die Aufsichtsbehörden den Wahrscheinlichkeitsmodellen nach der Krise eine gesündere Skepsis entgegenbringen und deren Verlässlichkeit nicht mehr als bare Münze nehmen. Vor der Krise war das nicht so, da glaubten auch sie an die Validität der Modelle. Aber noch immer lassen sie es zu, dass Banken ihr Gesamtrisiko selbst berechnen. Die verbindlichen Eigenkapitalvorschriften für europäische Banken (zurzeit Basel II) erlauben es den großen Banken, das Risiko, das sie halten, und damit auch die notwendige Kapitalunterlegung selbst zu ermitteln. Das ist für die Aufsichtsbehörden ein bequemer und logistisch einfacher Ansatz, aber er macht, mit Verlaub, den Bock zum Gärtner. Wenn der Kontrolleur dem Kontrollierten den Schlüssel in die Hand gibt, dann wird man sich nicht wundern dürfen, wenn die Tür eben auch mal halb offen bleibt und Hunderte von Milliarden Abschreibungen herausmarschieren.

Basel II sieht vor, dass die erforderliche Kapitalunterlegung für erstklassige Wertpapiere generell geringer ist als für direkte Kredite. Hier gab es einen weiteren Anreiz für Banken, zum Beispiel Hypotheken zu verbriefen und durch Ratingagenturen benoten zu lassen. Wenn das betreffende Rating nicht schlechter als AA ausfiel, brauchte die Bank regulär weniger Kapital dagegenzuhalten, obwohl es sich um das gleiche Risiko handelte. Im Nachhinein ein fataler Anreiz zur Verbriefung.

Nicht nur mit der Risikoevaluierung machten es sich die Aufsichtsbehörden leicht, sie ließen auch andere Dinge zu, die sich als schädlich, wenn nicht als desaströs herausgestellt haben. Da war zum Beispiel das sogenannte Schattenbanken-System. In diesem System tummeln sich Finanzinstitute, die zwar gewisse Bankenfunktionen wahrnehmen, aber juristisch nicht als Banken klassifiziert und damit auch nicht als solche reguliert sind; zum Beispiel Hedgefonds, Private-Equity-Gesellschaften, Pensionsfonds, Versicherungen oder von Banken gesponsorte, aber nicht regulierte Zweckgesellschaften.

Abgesehen davon, dass es hier keine Regulierung wie bei den klassischen Banken gab, war für die betreffenden Finanzinstitute auch kein »Lender of last Resort« (Kreditgeber der letzten Zuflucht) vorgesehen; für »echte« Banken sind das die jeweils zuständigen Notenbanken. Dieser Mangel hat sich nach Ausbruch der Krise als katastrophal herausgestellt. Denn keiner traute dem anderen mehr, der Interbank- und Geldmarkt trocknete völlig aus; die »Schattenbanken« konnten sich häufig nicht mehr refinanzieren, gingen entweder pleite, mussten von ihren Bankensponsoren »gerettet« werden oder mussten, um sich über Wasser zu halten, ihre guten Aktiva zu Schleuderpreisen verkaufen. Damit wurde der Kursverfall von Aktien, Unternehmensanleihen und anderen Aktiva verschärft.

Wie konnten die Aufsichtsbehörden das zulassen? Wie immer schleichen sich solche Entwicklungen langsam ein. Viele Banken hatten in den neunziger Jahren angefangen, Zweckgesellschaften zu gründen. Da diese formaljuristisch unabhängig von der jeweiligen Bank sind, waren die Aufsichtsbehörden formal auch nicht zuständig. Aber die

Entwicklung war offensichtlich und den Behörden wohl bekannt. Nur hätte es erheblichen politischen Mutes bedurft, um sich nachhaltig und öffentlich dagegen auszusprechen, und diesen Mut brachte keiner auf. Man denke nur an das Dogma der Regulierung mit leichter Hand, das von der britischen Regierung und Alan Greenspan propagiert wurde. Damit waren schon mal die beiden wichtigsten Finanzzentren neutralisiert.

Und heute? Wer durch die Wirtschafts- oder Finanzmarktseiten einer Zeitung blättert, dem schlägt das Geschrei der Betroffenen entgegen, nur weil jetzt ein bisschen mehr Transparenz und Regulierung in die Geschäftstätigkeit kommen soll. Ob sich die Aufsichtsbehörden, insbesondere auch die angelsächsischen, hier durchsetzen können und wollen, bleibt ungewiss.

Ich hatte die britische Northern Rock Bank erwähnt. Deren leichtfertiges Geschäftsmodell manifestierte sich nicht nur in der Beleihungsgrenze von bis zu 125 Prozent des Immobilienwerts, sondern auch in ihrer Refinanzierung. Da kurzfristiges Geld im Interbankenmarkt billig war, verließ sie sich mehr und mehr darauf, kurzfristige Gelder auf diesem Markt aufzunehmen und dieses dann langfristig als Hypothek auszuleihen. Das verhalf ihr zu einer größeren Zinsmarge. Solange der Geldmarkt funktioniert und die Zinskurve »normal« ist, also kurzfristige Zinsen unter langfristigen liegen, läuft das prima. Trocknet der Geldmarkt aber aus oder werden die kurzfristigen Zinsen gegenüber den langfristigen teurer, dann droht Schiffbruch. Den erlitten denn auch nicht nur Northern Rock, sondern viele andere Banken, Zweckgesellschaften und Institute, die sich im Wesentlichen dieser gefährlichen Refinanzierung bedienten.

Es war wiederum die Sorglosigkeit, die hier eine große Rolle spielte. Das Prinzip der »Fristentransformation«, wie das im Fachjargon heißt, also kurzfristige Einlagen langfristig auszuleihen, ist dem Bankwesen inhärent. Eine Bank nimmt in ihrem täglichen Geschäft Spareinlagen herein, die häufig kurzfristig abrufbar sind, und leiht diese im längerfristigen Bankgeschäft wieder aus. Weil dem Bankensystem normalerweise Vertrauen entgegengebracht wird, nicht zuletzt durch die Einlagensicherung und die implizite »Staatsgarantie«, verbleibt immer ein erheblicher Bodensatz an Spareinlagen im eigenen Haus. Die Transformationsfunktion wird normalerweise nicht in Frage gestellt, nur bei akutem Vertrauensmangel und/oder zu starker Transformation entstehen Probleme.

Und hier kommen wieder die Aufsichtsbehörden ins Spiel. Northern Rock war eine Bank, die Spareinlagen des Publikums hereinnehmen durfte, und wurde von der britischen Financial Services Authority (FSA) reguliert. Die Gefahren der kurzfristigen Geldmarktrefinanzierung wurden von der FSA jedoch ignoriert: Bisher war ja immer alles gut gelaufen, das britische Finanzsystem hatte allerhöchste politische Unterstützung, warum Krach schlagen, wenn keiner zuhört? So wie die FSA haben auch andere Aufsichtsbehörden gedacht, das erhebliche Liquiditätsrisiko wurde schlicht ausgeblendet. Bei Northern Rock kam es schon 2007 zum Ansturm auf die Bank und zur Verstaatlichung.

Ein anderes trauriges Beispiel für die zunehmende Sorg-

losigkeit auf Seiten der Aufsichtsbehörden und der Politik
ist die Aufhebung des amerikanischen Glass Steagall Act
im Jahr 1999. Dieser war 1933 nach dem Zusammenbruch großer Teile des Bankwesens und zu Zeiten der Großen Depression eingeführt worden. Er schrieb unter anderem die Trennung von Geschäftsbanken (Commercial
Banks) und Investmentbanken vor und führte die Versicherung von Publikumseinlagen ein. Eine Geschäftsbank,
wie zum Beispiel die Citibank, durfte Spareinlagen hereinnehmen und wurde streng reguliert. Einer Investmentbank,
wie zum Beispiel Goldman Sachs, war es dagegen verboten, Spareinlagen hereinzunehmen, dafür wurde sie im
Gegenzug nur locker reguliert. Diese Gesetzgebung wurde
im Laufe der Jahre immer löchriger, ihre endgültige Aufhebung war die Krönung der langjährigen Lobbyarbeit
der Geschäftsbanken. Sie konnten jetzt Investmentban-
king-Geschäfte jeglicher Art vornehmen, Derivate, Verbriefungen, Zweckgesellschaften, alles, was es gab – und
sie konnten damit ihre Eigenkapitalrendite deutlich erhöhen. Es fügte sich günstig für die Banken, dass der damalige Chef der Notenbank, kein anderer als Alan Greenspan, sich ebenfalls für die Aufhebung der Gesetzgebung
aussprach. Die Aufhebung von Glass Steagall hat sich als
Fehler herausgestellt, denn dadurch wurde der Weg zum
schädlichen Schattenbankensystem, zu den giftigen Derivaten und zum spekulativen Eigenhandel geebnet.

Unternehmen nehmen billiges Geld auf

Auch bei vielen Unternehmen ließ das Risikobewusstsein nach. Da gab es Druck der Analysten, die Fremdverschuldung hochzufahren und das aufgenommene Geld nicht etwa zu investieren, nein, sondern als Dividende auszuschütten oder eigene Aktien zurückzukaufen, um den Kurs anzutreiben. Solange die Fremdkapitalzinsen unter der Eigenkapitalrendite lagen, war das angeblich allemal ein gutes Geschäft; zusätzlich konnte man die Zinskosten noch von den Steuern absetzen. Kapitalmarktgeprägte Aktienanalysten kreideten einem Firmenmanagement eine starke Eigenkapitalbasis häufig als etwas Negatives an.

In vielen Interviews wurde mir diese Philosophie mantraartig vorgebetet. Auf meine vielleicht naive Frage, ob denn eine schrumpfende Eigenkapitalbasis wirklich immer so gut sei, die Zeiten könnten schließlich auch wieder schlechter werden, erntete ich jedes Mal ein mildes Lächeln. Wenn ich dann einwarf, dass das alles doch kaum mit einer nachhaltigen Geschäftstätigkeit zu vereinbaren sei, vor einem Zeithorizont von fünf oder zehn Jahren, musste ich mich belehren lassen, solche Zeithorizonte seien nicht angesagt. Gewinnmaximierung hier und jetzt. Die Unternehmen, die diesem Rat gefolgt sind, sehen sich im Zuge der Kreditklemme nicht selten unterkapitalisiert.

Diese Entwicklung zeigt, wie sehr das Bankwesen und die Finanzierung der großen Unternehmen heutzutage vom Kapitalmarkt geprägt sind. Das war in meinen ersten Jahren in der City noch weniger der Fall. Damals finanzierten sich die Unternehmen noch stärker über Bankkredite, die Banken waren in viel größerem Maße Unternehmensgläubiger als heute, und deshalb galt eine sehr solide Eigenkapitalbasis auch als etwas Positives.

Das billige Kapital führte zu einer beispiellosen LBO-Welle (Leverage Buy Out) in den USA. Mein New Yorker Kollege bei Bloomberg und ich witzelten immer schon am Montagmorgen, na, kommt heute wieder was? Denn die großen Übernahmen wurden überwiegend montags bekanntgegeben, meist durch Private-Equity-Gesellschaften, aber auch durch Hedgefonds. Allein im ersten Halbjahr 2007 wurden Transaktionen im Wert von etwa eineinhalb Billionen Dollar durchgeführt. Unvorstellbar. Viele der damals übernommenen Unternehmen haben jetzt Schwierigkeiten. Noch halten sich die Kreditausfälle bei diesen Fazilitäten in Grenzen. Der Grund sind die extrem günstigen Bedingungen, zu denen die Kredite ursprünglich gewährt wurden. Die Banken hatten wirklich nicht mehr ihre fünf Sinne beisammen, als sie die Covenants Lite gewährten, und deshalb sind viele dieser Kredite – solange sie noch bedient werden – immer noch intakt, obwohl ein Zahlungsverzug in vielen Fällen bedrohlich nahe scheint.

Aber es waren eben nicht nur Private-Equity-Gesellschaften, die das große Übernahmerad drehten, auch große Industrieunternehmen spielten hier mit. Ein deutsches Beispiel war die Übernahme von Conti durch Schaeffler, eine beinahe ähnlich spannende Seifenoper wie VW und Porsche. Schaeffler hatte sich durch Aktienoptionen etwa 36 Prozent an Conti (Continental AG) »gesichert«, hatte dies aber nach den Bestimmungen für die dabei benutzten Derivate nicht öffentlich machen müssen, ganz ähnlich wie bei Porsche und VW. Im Juli 2008 ging man an die Öffentlichkeit und bot 75 Euro pro Conti-Aktie. Kurze Zeit später, im September, ging Lehman Pleite. Die Conti-Aktionäre griffen schnell zu und dienten Schaeffler 90 Prozent der Aktien an, denn der Kurs von Conti war zeitweilig auf zwanzig Euro gesunken. Ein wunderbares Geschäft für die Aktionäre, nicht aber für Schaeffler. Das Unternehmen musste den von ihm selbst angebotenen, jetzt aber völlig überhöhten Preis zahlen und geriet in eine extreme Schieflage durch zu hohe Verschuldung. Auch Conti selbst war durch die nur kurz zuvor erfolgte Übernahme von VDO stark verschuldet. Beide Unternehmen hatten sich finanziell überhoben, beide waren dem Glauben auf ein immer währendes Goldilocks-Szenario aufgesessen.

Kapitel VII

Hochdramatische Tage

Gewitter in Großbritannien und Deutschland

Das große Drama nahm in Großbritannien im September 2007 mit dem Ansturm auf die Northern Rock seinen Anfang, es war der erste Run auf eine britische Bank seit 1866. Die BBC hatte berichtet, dass die Bausparkasse einen Notkredit von der Bank of England hatte in Anspruch nehmen müssen. Einen Tag später formierten sich die Menschenschlangen vor den Zweigstellen der Bank, die ihren Stammsitz im Nordosten Englands hat. Die Bilder gingen um die Welt.

Auf meinem Weg vom Bahnhof ins Büro kam ich an diesem Morgen wie immer an einer Zweigstelle von Northern Rock vorbei. So etwas kannte ich bisher nur von Fotografien: große Menschenansammlungen, aber, wie sich das in Großbritannien gehört, wohl geordnet, keiner drängte sich vor. Zu diesem Zeitpunkt dauerte es noch zwei Stunden, bis die Zweigstelle öffnete. Ich muss zugeben, für mich hatte diese Schlange etwas Unwirkliches. Wie ein Run auf Banken läuft, wusste ich nicht nur aus Büchern – ich hatte viel über den großen Bankenzusammenbruch in den Dreißigern gelesen –, sondern auch aus den letzten Jahren, wenn es in Schwellenländern zu solchen Ereignissen kam. Jetzt war ich zum ersten Mal

Augenzeugin, und was ich sah, passte irgendwie nicht zu meinem Alltag.

Im Büro kamen dann die Schlagzeilen rein. Wir berichteten ständig, obwohl die deutschen Zuschauer die Northern Rock sicher gar nicht kannten. Aber weder die Kollegen noch ich fühlten uns so recht betroffen, keiner hatte Geld bei dieser Sparkasse, und keiner identifizierte das als das Vorbeben einer Katastrophe – mit diesem Mangel an Erkenntnis befanden wir uns allerdings in bester Gesellschaft.

Ich habe mich damals natürlich auch gefragt, was die Schlange stehenden Menschen wohl dachten, wie verzweifelt sie waren, ob sie ihr ganzes Angespartes bei dieser Bank hatten? Northern Rock war keine Sparkasse für die betuchte Klientel, die Kunden konnten mit Sicherheit nicht einfach ein paar Tausender verschmerzen. Die Kunden der City-Zweigstelle waren ganz bestimmt keine Banker, sondern Angestellte in den Sandwichbars oder bei den Reinigungsgesellschaften, wenn sie in einer Bank arbeiteten, dann am ehesten noch in der Verwaltung. Der Ansturm hörte auf, nachdem der britische Finanzminister Alistair Darling drei Tage später eine staatliche Garantie für alle Spareinlagen der Northern Rock ankündigte; die generelle Einlagengarantie für britische Banken wurde dann sukzessive von ursprünglich 31 700 auf jetzt 50 000 Pfund heraufgesetzt (in Deutschland gilt zurzeit immer noch eine politische Erklärung der Bundesregierung, dass alle privaten Spareinlagen sicher seien). Northern Rock wurde im Februar 2008 verstaatlicht, Käufer für das angeschlagene Institut konnten nicht gefunden werden.

In Deutschland war das Gewittergrummeln schon etwas früher hörbar geworden, wurde aber in der Öffentlichkeit nicht so deutlich wahrgenommen, da es sich innerhalb der Finanzwelt abspielte. Ich meine die Schwierigkeiten bei der IKB (offiziell: IKB Deutsche Industriebank, ehemals Deutsche Industriekreditbank). Die IKB ist eine Spezialbank für Unternehmensfinanzierung, insbesondere des Mittelstands, in Deutschland und Europa. Die Bank teilte Ende Juli 2007 mit, dass sie in eine massive Schieflage geraten sei. Die Bank hatte Zweckgesellschaften gegründet, es waren Anlagen in CDOs (Collateralised Debt Obligations) und andere giftige Derivaten vorgenommen worden, die Refinanzierung wurde kurzfristig am Geldmarkt vollzogen – die typischen Übel der Krise, wie wir heute wissen. In allen Giftsuppen hatte die Bank ihren Löffel, nichts wurde ausgelassen.

Der größte Aktionär der IKB war schon vor der Schieflage die staatliche KfW (vormals Kreditanstalt für Wiederaufbau) gewesen. Die KfW ist eine Anstalt öffentlichen Rechts, ist Förderbank, zum Beispiel für den Mittelstand oder die Infrastruktur, und Entwicklungsbank für Schwellenländer. Die Rechtsaufsicht liegt beim Finanzministerium. Was soll man da noch sagen? Man kann nicht umhin, die Frage zu stellen, wie es möglich war, dass der IKB beim fröhlichen Herumspekulieren anscheinend völlig freie Hand gelassen wurde. Eine Lehre kann man aber getrost aus dieser Episode ziehen: Politiker und Beamte – und nicht nur in Deutschland – sind als Banker ungeeignet.

Es folgten mehrere IKB-Rettungspakete in Milliarden-

höhe, die KfW wurde zeitweilig zu beinahe 91 Prozent
Eigentümer; im Oktober 2008 wurden die Anteile der
KfW an die amerikanische Heuschrecke »Lone Star« zu
kolportierten, aber nicht bestätigten knapp 140 Millionen
Euro verkauft. Tolles Geschäft für den deutschen Steuerzahler, und das alles nur, weil die IKB Anfang des Jahrtausends am großen Reibach teilhaben wollte.

Die IKB hat den Steuerzahler allerdings nicht annähernd
so viel gekostet wie die Hypo Real Estate (HRE), einer der
größten Immobilienfinanzierer Europas und ein bedeutender Emittent von Pfandbriefen. Man erinnere sich an
die traditionelle Reputation von Pfandbriefen: langweilig,
mündelsicher, für Witwen und Waisen. Die Schwierigkeiten der HRE wurden im Verlauf des Jahres 2008 deutlich
sichtbar. Allerdings hatte es schon im August 2007 Marktgerüchte gegeben, dass bei der Depfa Bank (ehemalig
Deutsche Pfandbriefanstalt), die zwei Monate später zu
100 Prozent von der HRE übernommen wurde, nicht alles
im Lot sei. Die Gerüchte haben sich dann leider als zu-
treffend erwiesen, denn auch die Depfa hatte sich (ähnlich
wie die Northern Rock) bei langfristiger Kreditvergabe
auf kurzfristige Refinanzierung verlassen. Im Zuge der
austrocknenden Geldmärkte konnte sie sich nicht mehr
refinanzieren und riss ihre Mutter, die HRE, mit in die Tiefe. Die HRE wurde im Oktober 2009 verstaatlicht, der
deutsche Steuerzahler ist bisher mit etwa 100 Milliarden
Euro im Obligo. Wann genau sich die Liquiditätsrisiken
und die Schieflage bei der Depfa bemerkbar machten und
wer davon unterrichtet war, ist bisher nicht ganz eindeutig
zu erkennen.

Im Sommer 2007 gab es erste Anzeichen dafür, dass Banken und andere Marktteilnehmer sich nicht mehr gegenseitig vertrauten. Den Bankern wurde zunehmend klar, dass ihre Welt nicht mehr in Ordnung war, dass sich zu viel Giftmüll in den Bilanzen verborgen hielt. Es machte sich eine große Unsicherheit breit. In deren Folge begannen die kurzfristigen Geldmärkte auszutrocknen, inklusive des Marktes in Geldmarktpapieren. Man behielt sein Geld lieber im Hause, als es auszuleihen, auch wenn einem damit Zinsen entgingen. Sicherheitsdenken machte sich breit. Eine allgemeine Furcht war aber noch nicht zu erkennen. Bei Instituten, insbesondere auch Zweckgesellschaften, deren Geschäftsmodell darauf beruhte, sich auf kurzfristigen Märkten zu refinanzieren, während ihre Aktiva längerfristiger Natur waren, begann allerdings das große Zittern. Deren Überleben war jetzt gefährdet. Einige Banken, die Zweckgesellschaften gesponsort hatten, sprangen mit Liquiditätshilfen ein, was wiederum ihre eigene Liquiditätssituation verschlechterte.

Bei Bloomberg berichteten wir täglich über die Entwicklung zweier Indizes, die das Austrocknen der kurzfristigen Märkte und das Misstrauen der Marktteilnehmer untereinander widerspiegelten: LIBOR und TED spread. LIBOR (London Interbank Offered Rate) wird in allen gängigen Währungen ausgewiesen und ist der Zinssatz, den Banken in London für kurzfristiges Geld voneinander verlangen. Je mehr LIBOR vom jeweiligen Leitzinssatz abweicht, umso geringer die Liquidität im Interbankenmarkt. Der TED spread (Treasury Bill Eurodollar Difference) zeigt die Zinsdifferenz zwischen Dreimonats-US-LIBOR und Dreimonats-US-Schatzpapieren an. Je höher der TED spread, umso weniger Liquidität und Vertrauen im Interbankenmarkt, umso höher die Risikoprämie, die Kreditgeber verlangen. Der TED spread lag in den zehn Jahren vor der Krise etwa zwischen 0,1 und 0,5 Prozent. 2007 stieg er rasant auf 1,5 bis 2 Prozent, auf dem Höhepunkt des Dramas im Oktober 2008 erreichte er mit 4,64 Prozent sein Allzeithoch. Der TED spread ist das Fieberthermometer für das Vertrauen des Marktes in sich selbst. Die Fieberkurve zeigte deutlich, dass der Patient nicht nur krank war, sondern dass sich sein Zustand stetig verschlechterte.

Auch die Zentralbanken beobachteten die Entwicklung jetzt scharf. Nach außen versuchten sie zwar beruhigende Worte zu finden, aber ihre Taten zeigten, dass sie alarmiert waren. So gab die EZB schon Anfang August 2007 Hunderte Milliarden in den Markt, die Fed folgte kurz darauf. Dieses Datum wird denn auch in der einschlägigen Literatur als Anfang der Finanzkrise angesehen.

Rettung oder Pleite –
Moral Hazard ohne Ende?

In Amerika fingen die Bankpleiten im Frühjahr 2008 an. Im März wurden die Liquiditätsprobleme bei der Investmentbank Bear Stearns öffentlich, im Mai die endgültige Übernahme durch JP Morgan Chase vollzogen. Was war bei Bear Stearns schiefgelaufen? Anlagen in giftige Derivate, Zweckgesellschaften und eigene Hedgefonds, aber insbesondere ein Austrocknen der kurzfristigen Liquidität. Für Bear Stearns gab es ganz plötzlich kein Geld mehr, die Bank konnte sich nicht mehr refinanzieren, das Vertrauen der bisherigen Geldgeber schwand innerhalb von wenigen Tagen, Marktgerüchte über Bears akute Zahlungsschwierigkeiten häuften sich. Das Äquivalent eines Bankenruns auf die Zweigstellen durch die Sparer. Überall das gleiche Muster.

Aber der Fall Bear Stearns zeigte auch, mit welcher Chuzpe einige Akteure in der Finanzwelt arbeiten. Bear Stearns stand vor dem Abgrund, die Fed und JP Morgan Chase schnürten Freitag, den 14. März, ein Rettungspaket. Während des folgenden Wochenendes wurde klar, dass dieses Paket den Markt nicht zufriedenstellen würde, und mit Unterstützung der Fed gab JP Morgan am Sonntag, den 16. März, ein Übernahmeangebot von etwa zwei Dollar pro Aktie ab. Dabei hatte der Börsenkurs am Freitag mit beinahe 31 Dollar geschlossen, am Donnerstag hatte er bei 57 Dollar gelegen, im Februar immerhin noch bei 93 Dollar. Der Chef von JP Morgan Chase, Jamie Dimon, wurde aufgrund dieses Coups in der Finanzpresse gefeiert. Es gab aber auch viel Aktionärskritik, das sei denn doch eine zu deutliche Ausnutzung der Notlage. Gut eine Woche später wurde das Angebot auf etwa zehn Dollar pro Aktie verbessert. Das war immerhin eine Verfünffachung des ersten Angebots und zeigte, dass Feilschen auch unter Topbankern eine gängige Form der Verhandlungsführung ist. Die Fed haftete für Bears giftige Anlagen effektiv in Höhe von 29 Milliarden Dollar, JP Morgan hatte immer noch einen phantastischen Deal.

Durch den spektakulären Fall von Bear Stearns trat ein anderes finanztechnisches Instrument in den Vordergrund: Leerverkäufe oder Short Selling. Da werden Aktien (aber auch zum Beispiel Devisen) verkauft, die man gar nicht besitzt, sondern sich von anderen Marktteilnehmern leiht (rein rechtlich läuft die Transaktion etwas anders, aber hier ist die wirschaftliche Betrachtungsweise von Bedeutung). Short Selling ist nur etwas für die Finanzweltprofis. Wenn so ein Profi zum Beispiel dachte, dass es mit Bear Stearns bergab gehe, konnte er deren Aktien in der Hoffnung leerverkaufen, sich bei Rückgabe der geliehenen Aktie billiger am Markt eindecken zu können. So ist es dann ja auch gekommen.

Viele Kritiker vermuten, dass Short Selling jedenfalls zum Teil für den Fall von Bear Stearns verantwortlich gewesen sei. Auch die Marktgerüchte, die in den letzten Tagen vor dem Fall kursierten, seien hier einzureihen, denn den Short Sellern war daran gelegen, dass der Aktienkurs möglichst tief fiel, denn umso höher war ihr Gewinn. Also hätten sie negative Gerüchte in den Markt gestreut. Das ist zwar streng verboten, aber ein Beweis ist äußerst schwierig zu führen, denn das bloße Weitergeben von Informationen, die man auf dem Markt gehört hat (oder gehört haben will), ist legal. Die Notenbanken haben sich der Argumentation, dass Leerverkäufe einen Abwärtsdruck auf ein Finanzinstitut und damit systemische Gefahren verursachen können, ziemlich schnell angeschlossen. Im Verlauf der Finanzkrise wurden in den USA, in Großbritannien, Deutschland und anderswo Leerverkäufe auf Finanztitel zeitweilig verboten.

Eine Vielzahl von Banken wurden in den Monaten nach dem Fall von Bear Stearns übernommen, weil plötzlich ihre Überlebensfähigkeit in Frage stand. Das war besonders in den USA so, aber auch in Großbritannien, hier vor allem bei Hypothekenbanken und Bausparkassen. Die Übernahmen erfolgten entweder staatlicherseits oder durch private Finanzinstitute.

Die Hiobsbotschaften kamen jetzt beinahe täglich herein, häufig an Sonntagen oder Montagen, da hatten die Betroffenen übers Wochenende Rettungspläne oder Übernahmen ausgehandelt. So auch im Fall der beiden US-amerikanischen Hypothekengiganten Fannie Mae und Freddie Mac. Am 7. September 2008, einem Sonntag, gab die amerikanische Regierung bekannt, die beiden Unternehmen praktisch zu nationalisieren. Fannie und Freddie bildeten seit Jahrzehnten das Rückgrat der amerikanischen Wohnungspolitik, nämlich die Wohnungseigentumsförderung für den Durchschnittsbürger. Sie betrieben ihr Geschäft unter »Federal Charter«, das heißt unter impliziter Staatsgarantie. Beide Institutionen kauften Hypotheken von Banken und verbrieften diese. Die Verbriefungen wurden dann entweder im Markt weiterverkauft oder im eigenen Portfolio gehalten. Anders als viele andere Banken blieben Fannie und Freddie jedoch im Obligo, falls eine von ihnen verbriefte und weiterverkaufte Hypothek nicht mehr bedient werden konnte.

Mit dem Beginn der Suprime-Krise fingen beide Unternehmen deshalb an, hohe Verluste zu verzeichnen. Folglich wurde von den Marktteilnehmern eine explizite Staatsgarantie gefordert. Da beide Institute zusammen etwa

5½ Billionen Dollar an Hypotheken in ihren Büchern hatten beziehungsweise diese garantierten, was knapp die Hälfte der in den USA bestehenden Hypotheken darstellte, wurde ein möglicher Zusammenbruch als politisch undenkbar angesehen. Also wurden sie gerettet, gleichsam verstaatlicht, was für die republikanische Regierung unter George W. Bush einem politischen Sündenfall gleichkam, den man auf gar keinen Fall wiederholen wollte. Dies musste das erste und das letzte Mal gewesen sein!

Damit war die Szene bereitet für den dramatischen Höhepunkt der Krise: die Pleite von Lehman Brothers nur eine Woche nach der Übernahme von Freddie und Fannie. Lehman stand ersichtlich mit dem Rücken zur Wand und hatte keinerlei Bewegungsfreiheit mehr. Aber die Regierung wollte nicht einspringen, der steckten Fannie und Freddie in den Knochen. Also sollte eine privatwirtschaftliche Lösung gefunden werden. Übers Wochenende wurden die Topleute der großen Banken nach New York bestellt, um unter der Ägide des damaligen Finanzministers Paulson und des damaligen Chefs der New Yorker Federal Reserve Bank Geithner (heute Finanzminister) eine Lösung zu finden – vergeblich. Keine Bank wollte ohne substanzielle Garantien und Kredite des Staates anbeißen. Am Sonntag sickerte diese Nachricht durch, am Montag war Lehman insolvent.

Als ich von der Lehman-Pleite hörte, war meine erste Reaktion: Gott sei Dank. Wie viele andere auch hatte ich die Nase voll von all dem Moral Hazard, von all den Rettungsfazilitäten auf Steuerzahlerkosten, von all den Geschäftsmodellen, die bei genauerem Hinsehen jeglicher

Nachhaltigkeitslogik entbehren, und auch von der sagenhaften Arroganz mancher Banker. Und ich wusste natürlich, wie viel man im Banking verdiente. Ich fand es gut, dass man endlich mal eine große Bank pleitegehen ließ, um die anderen Mores zu lehren. War das zu emotional?

Im Nachhinein halten die meisten – aber beileibe nicht alle – Kommentatoren die Regierungsentscheidung im Fall Lehman für einen kapitalen Fehler, der die Krise nur verschlimmert habe. Das hat sie wahrscheinlich auch, die Kosten für den Steuerzahler, den Rentner, den Arbeitslosen, die Volkswirtschaft sind gar nicht bezifferbar. Aber: Wie ist es mit der langfristigen Warnung an die Banken? Die hören nur, wenn es weh tut und sie wirklich verinnerlichen, dass es beim nächsten Mal wieder weh tun wird. Leider hat sich die Lehman-Pleite, anders als im ersten Moment erhofft, nicht als das Ende, sondern ganz im Gegenteil als Katalysator von Moral Hazard herausgestellt.

Der schlug schon am nächsten Tag mit einer solch brachialen Gewalt zurück, dass die Orkanstufe drohte. Die riesige amerikanische Versicherung American International Group (AIG) geriet in den Fokus der Marktteilnehmer. Die Ratingagenturen hatten unerwartet den Bonitätsrang des Unternehmens verringert. Der hatte bis dato immer bei AAA gelegen, jetzt lag er über Nacht um mehrere Stufen tiefer. Die Herabstufung der Bonität war der sofortige Auslöser für sogenannte »Margin Calls«. Das war eine geldliche Teilunterlegung für CDS-Kontrakte (Credit Default Swaps), die von den Kontraktpartnern im Fall einer Herabstufung der Bonität eingefordert werden konnte. AIG hatte etwa 440 Milliarden Dollar an CDS in den Büchern, weil man die giftigen Verbriefungen, die CDOs (Collateralised Debt Obligations), »versichert« hatte. Das Volumen der durch die »Margin Calls« ausgelösten Forderungen konnte AIG nicht stemmen, das Unternehmen steckte plötzlich ebenfalls in einer lebensbedrohlichen Liquiditätskrise, der Aktienkurs fiel wie ein Stein.

Wenn es je ein systemisch bedeutendes, ein »Too big to fail«-Unternehmen gegeben hatte, dann war es AIG. Wie eine Riesenkrake hatte die Firma überallhin ihre Tentakel ausgestreckt, sie war nicht nur der bei weitem größte US-Versicherungskonzern und ein wichtiger globaler Erstversicherer, sie war mit der ganzen Welt zusätzlich durch das CDS-Geschäft aufs engste vernetzt. Diese systemische Bedeutung wurde von den Behörden explizit benannt und im Laufe der Monate auch immer wieder betont. Das Bestreben der US-Regierung, sich aus weiteren Rettungsfazilitäten herauszuhalten, selbst wenn das, wie im Fall Lehman, zu weiteren Pleiten führen konnte, hielt dem Ansturm der schlechten AIG-Nachrichten nicht stand. Am Montagmorgen hatte Lehman Insolvenz anmelden müssen, am Dienstagabend wurde die effektive Verstaatlichung der AIG bekanntgegeben.

Bei AIG wurde der Moral Hazard auf die Spitze getrieben. Durch die Verstaatlichung wurde vielen großen Banken aus der Bredouille geholfen, insbesondere denen, die Forderungen gegen AIG aus dem CDS-Geschäft hatten. Um von den CDS-Geschäften loszukommen, stellte AIG mit dem Staatsgeld die zugrundeliegenden »versicherten« CDOs glatt, und damit wurden die CDS-Kontrakte gegenstandslos. Die Verluste wurden vom amerikanischen Steuerzahler ohne Gegenleistung und ohne jedweden Abschlag getragen. Bei den Banken, die dabei großzügig bedient wurden, handelte es sich um die altbekannten Freunde im Investmentbanking. Auf politischen Druck veröffentlichte AIG im Frühjahr 2009 eine Liste derjenigen Banken, die besonders profitiert hatten. Auf Platz 1 lag die französische Société Générale, auf Platz 2 Goldman Sachs, die Bronzemedaille ging an die Deutsche Bank. Die amerikanische Öffentlichkeit war besonders wütend darüber, dass die AIG-Rettung von einem Finanzminister vorgenommen wurde, der zuvor Chef von Goldman gewesen war. Auch dem Wohlmeinendsten musste dieser Interessenkonflikt aufstoßen. Immerhin ist Goldman eine amerikanische Bank. Dass auch europäische Banken in zweistelliger Milliardenhöhe vom amerikanischen Steuerzahler alimentiert wurden, trieb manchen Amerikaner aber auf die Palme. Wie denn überhaupt die Rettungsmaßnahmen sämtlicher Regierungen stets die institutionellen Gläubiger extrem begünstigt haben, deren Verluste auf ein absolutes Minimum beschränkt blieben. Ob das wirklich notwendig war und ob die institutionellen Gläubiger hier nicht zu gut behandelt worden sind, kann man zu Recht fragen.

Im März 2009 bewies AIG, dass es auch sonst in der großen Liga spielt. 165 Millionen Dollar an Boni für die Manager in der Finanzsparte, das müsse sein, sonst würden die guten Leute weglaufen – das hatten wir schon mal gehört. Außerdem wurde bekannt, dass 2008 beinahe eine halbe Milliarde Dollar an Boni im Gesamtkonzern ausgeschüttet worden war, etwa viermal so viel, wie man bis dahin angenommen hatte. Die Öffentlichkeit spuckte Gift und Galle, es half aber nichts. Seither gelten nicht mehr nur ausschließlich die Banker als die bösen Buben.

Eine Woche nach der Lehman-Pleite und weniger als eine Woche nach der AIG-Rettung wurde wiederum an einem Sonntag bekanntgegeben, dass die beiden großen US-Investmentbanken Goldman Sachs und Morgan Stanley zu Geschäftsbanken umgewandelt würden. Dadurch wurde der Glass Steagall Act sozusagen noch einmal zu Grabe getragen. Beim ersten Mal war den Geschäftsbanken erlaubt worden, Investmentbanking zu betreiben; jetzt brauchten sich die Investmentbanken nur der Fed-Kontrolle zu unterwerfen, schwupp, war die Metamorphose vollzogen, und sie waren Geschäftsbanken. Durch diesen Trick kamen beide Banken sofort in den Genuss von Fed-Krediten. Wäre eine solche blitzschnelle und chamäleonhafte Umwandlung ein paar Tage zuvor erörtert und zugelassen worden, hätte vielleicht auch Lehman gerettet werden können. Merrill Lynch schlüpfte in diesen Tagen unter das Dach der Bank of America und wurde übernommen. Damit waren innerhalb von nur einer Woche die nach Bear Stearns noch verbliebenen vier großen US-amerikanischen Investmentbanken offiziell verschwunden.

Aber dabei blieb es nicht. Es folgte ein Run auf die größte amerikanische Sparkasse, Washington Mutual, und nur eine Woche nach der AIG-Rettung wurde Konkurs angemeldet. Dies war die größte Bankenpleite in der US-Geschichte. Der Giftmüll der Bank wurde abgespalten und die gesunde Substanz sofort weiterverkauft; auch hier griff JP Morgan schnell zu und sicherte sich die Bank zu einem

Schnäppchenpreis. Die Pleite von Washington Mutual löste wiederum einen Run auf die Wachovia Bank aus. Das war die viertgrößte Bank der USA. Auf Druck der Aufsichtsbehörde stellte sich Wachovia selbst zum Verkauf, der letztlich an Wells Fargo erfolgte.

Auch in Großbritannien überschlugen sich die Ereignisse. Eine Vielzahl von Sparkassen wurde durch größere übernommen und damit vor dem Aus bewahrt. Im September kam HBOS (ein Zusammenschluss der vormaligen Halifax Building Society mit der Bank of Scotland) schwer unter Beschuss. Der Aktienkurs fiel dramatisch, und die Bank hatte Befürchtungen, dass ihr ein Run wie bei der Northern Rock bevorstand. Der Premierminister schaltete sich persönlich ein; Lloyds TSB sollte als Käufer auftreten. Die kombinierte Gruppe hält knapp ein Drittel des britischen Massensparaufkommens, knapp ein Drittel aller Hypotheken für Wohnimmobilien und etwa ein Viertel aller persönlichen Bankkonten. Deshalb mussten starke wettbewerbsrechtliche Bedenken aus dem Weg geräumt werden, was die Regierung denn auch mit einem Federstrich tat: Sie erklärte die Übernahme im »öffentlichen Interesse« für notwendig und setzte sich so über die Bedenken der Wettbewerbshüter hinweg. Doch das half alles nichts, der Paukenschlag folgte Mitte Oktober, als die Regierung die Royal Bank of Scotland, Lloyds TSB und HBOS teilverstaatlichte. Lloyds und HBOS wurden im Januar 2009 verschmolzen. Die Bankenlandschaft der City hatte sich innerhalb weniger Wochen völlig verändert.

Der Grund für die plötzliche und überraschende Teilverstaatlichung wurde erst Ende November 2009 so richtig klar, als bekannt wurde, dass die Bank of England der Royal Bank of Scotland und der HBOS ein Jahr zuvor, im Oktober und November 2008, Rettungsfazilitäten von insgesamt knapp 62 Milliarden Pfund zur Verfügung gestellt hatte und dass beide Banken kurz davor gewesen waren, ihre Geldautomaten schließen zu müssen. Die Fazilitäten wurden im Januar 2009, also nach der Teilverstaatlichung und dem Einschuss von Staatsgeld, zurückgezahlt. Der britische Rechnungshof bezifferte im Dezember 2009 die Summe, welche die Regierung zu Rettungszwecken entweder in bar oder in Form von Garantien dem Bankensektor bis dato zur Verfügung gestellt hatte, auf 850 Milliarden Pfund. Das sind etwa 60 Prozent des britischen Bruttoinlandsprodukts.

Ich hatte Angst

Ich selbst hatte in diesen Tagen im September und Oktober 2008 Angst, Stress und ein wenig das Gefühl von Weltuntergang. Der Bürostress war gut, er lenkte davon ab, dass sich die Nachrichten beständig verschlechterten. Bankaktien verloren besonders stark, aber auch die großen Indizes wie Dow, S&P 500 oder DAX rutschten im September/Oktober mit 20 bis 25 Prozent ins Minus; an manchen Tagen wurden Schwankungen von plus/minus zehn Prozent und mehr verzeichnet. Das war eine extreme Volatilität, und der Boden, auf dem man zu stehen dachte, begann sich heftig zu bewegen. Die Aktienmärkte wurden zunehmend von Spekulanten beherrscht, die jetzt überall, in Hedgefonds, im Eigenhandel der Banken und in sonstigen Bereichen des Finanzsektors, Oberwasser hatten, denn volatile Märkte sind Spekulanten generell am liebsten, hier können sie wegen ihrer Risikobereitschaft auf kurze Sicht die höchsten Gewinne einfahren (an Verluste denkt keiner). Die Fondsverwalter (im Jargon »Real Money Investors«) zogen sich dagegen zurück, es wurde ihnen zu heiß. Der TED spread schoss in die Höhe, die Notenbanken überschlugen sich mit bisher unvorstellbaren Liquiditätsspritzen und fuhren nur noch auf Sicht.

Alle Beteiligten, ob in der Politik, bei den Notenbanken oder auf den Finanzmärkten, wurden sichtbar von Panik beherrscht. Für einen News-Room ist das hervorragend, der lebt von dramatischen Nachrichten, da braucht sich der Redakteur kein Kopfzerbrechen zu machen, wie er seine Sendung füllen kann, der Stoff wird ihm in solchen Zeiten auf dem Tablett serviert. So fanden meine Kollegen diese Tage denn auch sehr spannend, eine ganze Reihe unter ihnen vertrat die Auffassung, es sei zwar alles nicht gut, was da passiere, aber man sei immerhin dabei, wenn Geschichte geschrieben werde, und das sei doch eigentlich toll. Ich konnte diese Haltung verstehen. Die Kollegen standen vielfach erst am Anfang ihrer Karriere, hatten insofern kein Geld zu verlieren, hatten meistens noch keine eigene Familie – und außerdem wohl das Gefühl, dass die Welt spätestens dann wieder in Ordnung wäre, wenn sie nach Deutschland zurück- und nach Hause kämen. Bis dato hatte es bei Bloomberg noch nie Entlassungen gegeben, also kamen sie auch nicht auf den

Gedanken, dass ihr eigener Arbeitsplatz gefährdet sein könnte.

Ich war älter, ich beurteilte Dinge anders, und ich konnte sehr gut auf diese Art der Geschichtsschreibung verzichten. Ich hatte Angst. Und wie das in so unsicheren Zeiten ist, hatte ich zunächst einmal Angst um die Familie. Bedeutete das, dass unsere Kinder ihren Job verloren; bedeutete das, dass mein Mann und ich, die ihr ganzes Leben lang gearbeitet hatten, das fürs Alter Angesparte verloren (wie die meisten in der britischen Privatwirtschaft Beschäftigten tragen auch wir das Marktrisiko unseres angesparten Rententopfs; Renten oder Pensionen, die vom Arbeitgeber gezahlt werden, gibt es beinahe gar nicht mehr); bedeutete das generell eine neue Große Depression mit all dem Elend und Leid, von dem ich gelesen hatte; bedeutete das, dass bei der sich abzeichnenden gigantischen Staatsverschuldung und dem kostenlosen Geld der Notenbanken eine neue riesige Inflationswelle mit all den unseligen Konsequenzen, die das hervorbringt, auf uns zu rollte? Da wir auf dem Land leben, hat mich der Gedanke an unseren großen Garten, in dem wir zur Not auch alles zur Selbstversorgung anbauen, vielleicht sogar Hühner und zwei Schweine halten können, beruhigt. Jedenfalls zu essen sollte genug da sein.

In einem anderen Beruf hätte ich wohl nicht solche Weltuntergangsgedanken gehabt, aber ich arbeitete im Zentrum der Finanznachrichten, und da prasselte das Unwetter der schlechten Meldungen gnadenlos herunter, die Sturzflut riss einen mit.

Auf den Märkten herrschte das Motto: Rette sich, wer

kann. Raus aus Bankaktien, raus aus Bankanleihen, raus aus allem, was nicht sicher erscheint. Damit schossen die Kurse der als sicher geltenden Staatsanleihen in die Höhe, vorneweg die aus den USA und Deutschland. Innerhalb der Eurozone tat sich jetzt eine Kluft in der Beurteilung der jeweiligen Staatsanleihen auf, und manche Marktteilnehmer setzten darauf, dass die Eurozone auseinanderfallen werde. Anleihen des italienischen, spanischen oder griechischen Staats sanken relativ zu den Bundesanleihen im Kurs (dieses Phänomen ist aufgrund der hohen fiskalischen Verschuldung der betreffenden Länder um die Jahreswende 2009/10 erneut stark in Erscheinung getreten).

Ich verkaufte kurz entschlossen und in allergrößter Eile alle privatwirtschaftlichen Unternehmensanleihen, die ich auf meinem »Sparkonto« hatte (Aktien waren ja schon seit 2006 nicht mehr dabei), und bin in Anleihen des Bundes oder der Länder gegangen. Transaktionskosten waren mir völlig egal. Ich wusste nicht, ob nicht über Nacht eine neue große Pleite passieren könnte, wollte unbedingt auf Nummer sicher gehen; auch die offensichtlich gigantischen Probleme bei der Hypo Real Estate trugen zu meiner Verunsicherung bei. Sämtliche Vermögensverwalter und Fondsmanager, mit denen ich in diesen Tagen sprach, hatten ihre Strategie geändert, das Sicherheitsdenken war absolut vorrangig geworden. Es ging nicht mehr um Rendite. Es ging nur noch um bloßen Kapitalerhalt.

Kapitel VIII

War die Krise zu schnell vorbei?

Im Herbst 2009 wurde deutlich, dass die ganz große Kernschmelze in der globalen Realwirtschaft und im Finanzwesen noch einmal abgewendet worden war. Die langfristigen Kosten für die absolut beispiellosen konzertierten Rettungsmaßnahmen der Finanzminister und Notenbanker weltweit sind noch nicht absehbar. Klar ist nur, dass wir in einer Welt leben, in der die Verschuldung der meisten Staaten in astronomische Höhen geschnellt ist und in der fiskalisches Sparen und/oder höhere Steuern angesagt sind. Völlig unklar hingegen und mit großer Prognoseunsicherheit behaftet ist, welche mittel- und langfristigen Folgen das haben wird. Einige der Problemkreise, denen sich die Staaten und deren Bürger in mehr oder minder großem Maße gegenübersehen, seien hier in Stichworten genannt.

Wirtschaftswachstum: Es wird generell erwartet, dass der volkswirtschaftliche Output nachhaltig geringer ausfallen wird als in früheren Jahren. Da ist zunächst der Verlust durch die Rezession selbst; da kann es negative Folgen aufgrund von öffentlichen Sparhaushalten oder zu hoher Inflation geben; und da kann es drittens zu einer nachhaltigen Veränderung im Verhalten von Unternehmen und Konsumenten kommen.

Beschäftigung: Wird sich die Beschäftigungslage mit anziehender Konjunktur wieder verbessern, oder wird das

Wachstum anämisch ausfallen und folglich die Gesamt-
beschäftigung kaum wieder ansteigen lassen, könnte der
Arbeitslosensockel also auf Dauer höher liegen?

Inflation/Deflation: Werden die Rettungsfazilitäten der
Regierungen und der Notenbanken gewollt oder unge-
wollt zu einer nachhaltig höheren Inflationsrate führen,
oder haben diejenigen recht, die wegen immer noch brach-
liegender Kapazitäten einen Deflationsdruck befürchten?
Generell werden Schuldner gegenüber Gläubigern von
Inflation begünstigt, bei Deflation ist es umgekehrt; Menschen, die (teilweise) von Zinseinkommen leben, in der
Regel Ältere, werden von Deflation negativ betroffen, da
das Zinsniveau niedrig liegt.

Staatsleistungen: Zum Abbau der gigantisch angestiegenen Staatsschulden und Haushaltsdefizite werden die
Staatsleistungen absehbar gekürzt werden müssen, das
kann nicht auf ewig aufgeschoben werden – es sei denn,
die Finanzminister retteten sich in die Inflation.

Die demographische Entwicklung: Je länger die Regie-
renden die Gesundung ihrer Haushalte und den Abbau
von Staatsschulden vor sich her schieben, umso größer
wird die Last der jüngeren Generation. Die Leistungen des
Sozialstaates einschließlich der Rente müssen in ein gesun-
des Verhältnis gebracht werden zu der sich wandelnden
Altersstruktur der westlichen Gesellschaften. Es gibt Anlass zur Sorge, dass ausgerechnet die Jugendarbeitslosig-
keit in dramatischer Weise angestiegen ist.

Für uns als Normalbürger sind die Folgen der Krise
noch lange nicht vorüber; wir wissen nicht, was da noch
alles auf uns zukommen wird, wann und wo. Wir wissen

aber, welchen Umständen und insbesondere welchen Berufsgruppen wir das Desaster zu verdanken haben. Da ist es fast misslich, dass die große Zitterpartie nur ein Jahr gedauert hat. Die Banker haben inzwischen längst zum »business as usual« zurückgefunden – und fühlen sich bestätigt. Ihr Vertrauen auf Moral Hazard, ihre Vermutung, dass der Staat im Notfall mit Garantien aushelfe, ist zur Gewissheit geworden. Keine Regierung wird in absehbarer Zukunft noch eine große Bank pleitegehen lassen. Auch die Landesbanken in Deutschland werden nicht pleitegehen, obwohl die Gewährträgerhaftung und die Anstaltslast durch die Länder, eine Art Staatsgarantie, wegen EU-Recht schon im Juli 2005 weggefallen sind. Wer aber völlig sicher sein kann, dass der Staat ihm unter die Arme greifen wird, während er es vorher nur stark vermuten konnte, der kann die gleichen Geschäfte machen wie vorher – mit noch größerer Selbstsicherheit.

Während des gesamten Jahres 2009 dienten die Notenbanken dem Bankensystem Geld zu wenig mehr als null Prozent an. Das Geld wurde dankend in die Hand genommen, um lukrative Geschäfte auf den Kapital- und Finanzmärkten zu betreiben. Die hervorragenden Quartalsergebnisse zeugen davon. Zwar spricht die ganze Welt über die Notwendigkeit höherer Eigenkapitalpolster bei den Banken – aber bitte doch erst in Zukunft! Erst einmal päppeln wir die Banken auf und schauen derweil nicht so genau hin, welches neue Risiko da eigentlich mit dem praktisch kostenlosen Geld eingegangen wird. Wirklich kein guter Zustand!

Schon 2008 hatten die Notenbanken, insbesondere die

EZB, angefangen, Kredite an Banken zu vergeben, die durch sehr dubiose Wertpapiere besichert waren. Zum Teil haben einige Banken solche Wertpapiere eigens geschaffen, um an Geld der EZB zu kommen, nirgendwo sonst wären sie diese Papiere losgeworden. Nichteuropäische Banken gründeten deswegen sogar Tochtergesellschaften in der EU. Die EZB begab sich damit in Gefahr, zum Abfalleimer für Ramsch zu werden. Die Bank hat diese Gefahr deutlich erkannt und sich öffentlich dazu geäußert. Soweit man es den Verlautbarungen entnehmen kann, ist der Missbrauch seitens einiger Geschäftsbanken inzwischen eingestellt worden – aber einen Versuch war es wert.

Es gab eine Reihe von Geschäftsfeldern, die direkt von den Rettungsmaßnahmen und der Krise profitierten. Die durch die Notenbanken verursachte Geldschwemme sorgte dafür, dass sich die Banken beinahe ohne Kosten bei diesen refinanzieren konnten, um das Geld dann zinsbringend wieder auszuleihen. Die Zinsmarge der Banken wurde von den Notenbanken gewissermaßen subventioniert und künstlich hoch gehalten. Auch ein Kleinkind kann unter diesen Umständen gute Gewinne einfahren, dazu gehört wirklich kein Verstand. Man nimmt das zinslose Geld der Notenbanken und kauft damit Staatsanleihen, was in Europa und den USA eine Marge von zwei bis reichlich drei Prozent bringt. Und das Ganze ohne jedes Risiko. Erheblich mehr kann man verdienen, wenn man nicht in Staatsanleihen investiert, sondern in andere Papiere oder Aktiva. Im Grunde handelt es sich um ein Geschenk des Staates an die Banken, deren Gewinne damit aufpoliert werden.

Auf anderem Weg können Investmentbanken durch die jetzt hohe Staatsverschuldung im Staatsanleihebereich profitieren. Alle diese neuen Staatsanleihen müssen nämlich am Markt plaziert werden – und das übernehmen die Investmentbanken. Im Firmenkreditgeschäft halten sich die Banken zwar zurück und/oder verlangen sehr hohe Zinsen – wie gesagt, für Geld, das sie von den Notenbanken beinahe umsonst bekommen. Da die Unternehmen aber Kapital brauchen, finanzieren sie sich verstärkt auf dem Kapitalmarkt, jedenfalls die großen Unternehmen, die Kapitalmarktzugang haben; kleinen und mittelständischen Firmen ist dieser Weg zumeist versperrt. Der Bondmarkt entwickelte sich so bald wieder zu einem ergiebigen Gebührengeschäft für die Banken.

Auch das sogenannte Quantitative Easing der Notenbanken konnten die Banken auf dem Bondmarkt ausnutzen. Darunter versteht man den Ankauf von Staats- und Unternehmensanleihen sowie von Verbriefungen, die die Banken in ihren Büchern als Aktiva halten, durch die Notenbanken. Die Notenbanken hatten diese Maßnahme ergriffen, da sie einen Zinssatz von nahe null nicht mehr weiter herunterfahren konnten. Also pumpten sie auf diese Weise Geld in das Bankensystem in der Hoffnung, dass die Banken diese Liquidität an die Realwirtschaft in Form von Krediten weiterreichen; man bezeichnet so etwas gemeinhin als »Gelddrucken«. Um Japan aus der Deflation zu helfen, hatte die japanische Notenbank Anfang des Jahrtausends vorgemacht, wie eine solche Geldpolitik läuft. Insbesondere in den USA und Großbritannien legten die Notenbanken große Programme auf. In den USA belief

sich das Ankaufsprogramm der Fed auf 1,75 Billionen
Dollar, das sind etwa zwölf Prozent des amerikanischen
BIP (2008), in Großbritannien umfasste das Programm
200 Milliarden Pfund, eine ähnliche Größenordnung im
Verhältnis zum BIP. Die Bondhändler konnten sich in
Antizipation der Notenbankkäufe im Markt positionieren
und davon profitieren.

Zwar mahnten die Politiker und die Notenbanker die
Geschäftsbanken an, mit dem billigen Geld Kredite zu
vergeben, aber zwingen konnte man sie nicht dazu. Die
Firmenpleiten und die Insolvenzen im Privatsektor waren
immer noch am Ansteigen, da waren die Banken vorsichtig. Schließlich hatte man ihnen ebenfalls mit auf den Weg
gegeben, ihr Eigenkapitalpolster zu erhöhen. Und wohin
sollte das auch führen: staatlich verordnete Kreditvergabe? Das kann nur in Tränen enden. Wer soll denn dafür
haften, wenn der Kredit notleidend wird, der Staat, der
Steuerzahler? Die schwedische Notenbank hat allerdings
im Sommer 2009 einen negativen Zinssatz eingeführt, und
zwar auf die Depositen der Banken bei der Notenbank;
damit *kostete* es die Banken Zinsen, wenn sie ihr Geld
bei der Riksbank anlegen wollten. Mit dieser Maßnahme
wollte Schweden sie zwingen, ihre Liquidität in der Wirtschaft als Kredite zu verwenden.

Mit der Geldschwemme ging es auch auf den Aktien-
und Rohstoffmärkten bergauf, die Spekulation hielt wieder Einzug; auch diese Märkte verhalfen den Banken zu
den guten Ergebnissen ab Sommer 2009.

Aber es war nicht nur das billige Geld, das den Banken insbesondere im dritten Quartal 2009 zu den außer-

ordentlich guten Ergebnissen verholfen hat. Da gab es auch andere Freundlichkeiten, zum Beispiel bei den Bilanzierungsvorschriften. Anfang der neunziger Jahre hatte sich das Prinzip der »mark to market«-Bewertung durchgesetzt und war in die verschiedenen nationalen Gesetzgebungen eingeflossen. Banken waren danach verpflichtet, die Wertpapiere, die zum Handel bestimmt waren, am Bilanzstichtag zu ihrem Marktpreis zu bewerten. Dies sorgte für Transparenz und gab dem Investor und der Aufsichtsbehörde den »wahren« Zeitwert des Handelsportfolios an. Bis zum Ausbruch der Finanzmarktkrise waren die Banken große Verfechter dieses Prinzips, denn mit steigenden Kursen erhöhte sich der Marktwert der Papiere, dies führte zu einer Gewinnausweisung und das wiederum zu einem höheren Eigenkapital. Mit höherem Eigenkapital konnte eine Bank dann wieder neues Geschäft machen. Neues Geschäft treibt die Kurse weiter nach oben, und die Bewertung erhöht sich erneut. Es entstand also eine Spirale, die die Märkte anheizte und gleichzeitig den Banken eine höhere Eigenkapitalausstattung ermöglichte.

Leider hatte so recht keiner daran gedacht, dass sich bei schlechter Stimmung und sinkenden Kursen die Spirale nach unten bewegt: sinkender Kurs, niedrigere Bewertung, Verlustausweisung, niedrigeres Eigenkapital, weniger Geschäft, weiter sinkende Märkte, weiterer Verlust. Im Zuge der Krise und mit dem Austrocknen der Märkte für verbriefte Wertpapiere, insbesondere bei Hypotheken, wehrten sich die Banken jetzt gegen »mark to market«. Das sei prozyklisch und entspreche nicht dem »wahren« Wert der Wertpapiere, Teufelszeug. Und die Aufsichtsbehörden und

Finanzminister ließen sich überzeugen. Da wurden Handelsbestände der Banken mit einem Mal in Anlagebestände umgewidmet, da wurde »mark to market« sogar ganz aufgehoben und durch »mark to model« ersetzt, also durch den Wert, den das jeweilige Bankmodell ausspuckt. Eine wunderbare Sache, durch die sich die Notwendigkeit von Abschreibungen deutlich eingrenzen ließ.

Von allen Ecken und Enden alimentiert, fühlte sich die Finanzwelt bald wieder gesund – wenngleich sie eigentlich immer noch am Dauertropf hing. Der TED spread lag 2009 wieder auf Normalmaß, LIBOR bewegte sich auf durchschnittlichem Niveau. Die große Vertrauenskrise zwischen den Banken war ausgestanden. Und all das viele kostenlose Geld konnte zur neuen Blasenbildung genutzt werden. Nur vom Paradigmenwechsel sprach keiner mehr.

Sowohl in den USA als auch in Europa war das Jahr 2009 durch die Suche der Banken nach neuem Eigenkapital geprägt. Manche gingen an die Börse, andere begaben neue Aktien an ausgesuchte strategische Investoren. Auf der einen Seite wussten die Banken, dass neue und schärfere Eigenkapitalvorschriften auf sie zukommen würden, und positionierten sich entsprechend. Auf der anderen Seite versuchten insbesondere die teilverstaatlichten Banken verzweifelt, durch neues Kapital die Staatsbeteiligung abzulösen, um wieder Herr im eigenen Hause zu werden. Die behördliche Überwachung ihres Vergütungssystems wollten alle so schnell wie möglich abschütteln, ganz zu schweigen von der Drohung einer zwangsweisen Abspaltung wesentlicher Geschäftsteile. Es wird geschätzt, dass die großen US-Finanzinstitute für das Jahr 2009 etwa 145 Milliarden Dollar an Vergütung zahlten; davon entfielen allein auf Goldman Sachs 16,2 Milliarden, 20 Prozent weniger als 2007, aber immerhin eine Durchschnittsvergütung von einer halben Million Dollar pro Mitarbeiter. 145 Milliarden Dollar im Jahr 2009 sind etwa fünfzehn Milliarden Dollar mehr als im bisherigen Rekordjahr 2007. War 2008 was gewesen?

Im Frühsommer 2009 erfolgten sowohl an der Wall Street als auch in der City wieder Neueinstellungen mit garantierten Boni. Garantierte Boni – ein Widerspruch in sich – hängen weder von der Leistung des Einzelnen noch vom Erfolg des Hauses ab. Die gleichen schädlichen Anreize für riskantes Geschäft wie vor der Krise. Und die gleichen Sprüche: Wir müssen das bezahlen, sonst bekommen wir keine guten Leute. So sagte es Josef Ackermann im Oktober 2009 dem »Spiegel«: »Banking ist ein Peoples Business, wenn Sie zu den Besten gehören wollen, müssen Sie die Besten haben, und dafür müssen Sie bezahlen, was der Markt verlangt.« Ich habe mich zu dieser Argumentation bereits geäußert: »Der Markt«, das sind die Banker selbst.

Da das Bonussystem so stark ins Gerede gekommen war und ab 2010 neue Regeln drohten, ist eine Reihe von Banken in der Londoner City darauf verfallen, 2009 schnell noch die Grundgehälter zu erhöhen, denn an den Grundgehältern machen sich der Zorn und die neuen Regeln ja (bisher) nicht fest. So konnten sich zum Beispiel viele tausend Angestellte bei Barclays Capital, der Investmentbanking-Sparte von Barclays, kurz vor Weihnachten

über eine bis zu eineinhalbfache Grundgehaltserhöhung
freuen. Auch von der Deutschen Bank wird kolportiert,
dass sie Grundgehaltserhöhungen für ihre Belegschaft pla-
ne, um geringere Bonizahlungen in der Zukunft zu kompensieren. Eine absolut perverse Reaktion, die zeigt, dass
sich die Banken dem Buchstaben beugen, aber nicht dem
Geist neuer Gesetze. Es scheint sie nicht zu bekümmern,
dass sie in schlechten Zeiten Boni kürzen können, Grundgehälter aber nicht. Will eine Bank ihre Lohnkosten senken oder einem bestimmten Mitarbeiter zeigen, dass sie
unzufrieden mit ihm ist, kann sie das mit Hilfe des Bonus-
systems viel flexibler handhaben. Boni als solche sind ein
durchaus geeignetes Instrument bei der Gestaltung der
Lohnkosten, nur ihr Missbrauch ist von Übel. Aber einige
Banken sagten den Aufsichtsbehörden deutlich ins Gesicht: Wir schaufeln das Geld so oder so raus, und wenn
wir es nicht mehr über Cash-Boni dürfen, dann bezahlen
wir eben Cash-Grundgehalt. So einfach ist das.

Kurz vor Weihnachten 2009 begegnete ich zufällig
einem Investmentbanker auf der Straße, den ich ganz
gut kannte. Er hatte bei der Royal Bank of Scotland gearbeitet, ein netter Typ, auch wenn mir maßgeschneiderte
Hemden mit Monogramm und diskreten und (soweit ich
das beurteilen kann) superteuren Manschettenknöpfen als
täglicher Arbeitsanzug eigentlich immer etwas suspekt
sind. Er erzählte mir, er sei jetzt bei einer amerikanischen
Bank beschäftigt; die britische Regierung hatte der teilverstaatlichten RBS gerade eine Cash-Bonus-Sperre aufer-
legt, also sah sich eine ganze Reihe von Angestellten nach
einem neuen Arbeitgeber um. Ah, meinte ich, das treffe

sich ja gut, ich hätte gerade von der Verdopplung und Verdreifachung des Grundgehalts bei seinem neuen Arbeitgeber gehört. Guckt er mich lange an und sagt, na ja, dagegen habe er nichts, aber ihn interessiere viel mehr, was nächstes Jahr mit seinem Bonus passiere. Offensichtlich hatte er bei seinem Wechsel keinen garantierten Bonus aushandeln können: ein Beispiel dafür, dass finanzielle Sorgen durchaus relativ sein können.

Eine neuartige und interessante Variante, die hohen Vergütungen im Bankwesen zu relativieren, kommt vom Goldman-Sachs-Chef Lloyd Blankfein. Der weist darauf hin, dass viele Banker in gehobenen Positionen nach ihrem Ausscheiden aus dem täglichen Geschäft ihre Leistung bei wohltätigen Organisationen einbrächten. Hm, wenn ich eine Jahresvergütung von 67 Millionen Dollar erhalte, dann kann ich das nach ein paar Arbeitsjahren wohl auch tun, oder? Es stimmt, Goldman stellt immer wieder Topleute für Regierungsämter und herausgehobene öffentliche Positionen zur Verfügung. So war Robert Rubin (Ex-Co-Chairman) unter Bill Clinton Finanzminister, Henry Paulson (Ex-CEO) Finanzminister unter George W. Bush; der jetzige Chef der Federal Reserve von New York und in dieser Position Nachfolger des jetzigen Finanzministers Geithner war vorher US-Chefvolkswirt bei Goldman. In solchen Ämtern kann man gern für einige Zeit auf seine Goldman-Bezüge verzichten, zumal die Verflechtung mit der höchsten Politik für die Firma und die Betroffenen selbst buchstäblich Gold wert ist.

Trotz aller öffentlichen »Wohltaten« ist Goldman Sachs im Laufe des Herbstes 2009 zum Inbegriff der von Gier getriebenen Investmentbank, ja geradezu zur Inkarnation des Bösen im Finanzwesen geworden. Während der Name vor der Krise dem breiten Publikum eigentlich nicht bekannt war, wurde er innerhalb nur weniger Monate auch dem Durchschnittsbürger geläufig. Zum ersten Mal wies die PR der höchsten Goldman-Repräsentanten deutliche Fehler auf. Die öffentliche Kritik schien einen rohen Nerv getroffen zu haben. Der wohl als ironischer Witz gemeinte Kommentar von Goldman-Chef Lloyd Blankfein, man tue Gottes Werk, ging völlig nach hinten los. Eine großangekündigte, über mehrere Jahre zu verteilende Spende von 500 Millionen Dollar für kleine Firmen wurde als geradezu zynisch im Vergleich zur Vergütung bei Goldman bezeichnet. Eigentlich kein Wunder, machten die 500 Millionen doch gerade einmal drei Prozent der von Goldman im Jahr 2009 gezahlten Gehälter und Boni aus. Es bleibt abzuwarten, wann sich die erfolgreichste Investmentbank der Welt von diesem Imagemakel wird befreien können.

Ich habe das amerikanische System einer losen Verquickung von Wirtschaft und Politik immer für nachahmenswert gehalten. Es ist dort generell nicht unüblich, dass Topmanager aus Wirtschaft und Finanzen zeitweilig Regierungsämter und hervorgehobene Beraterfunktionen ausüben. Häufig zu einem Bruchteil der Vergütung, die sie vorher erhalten haben, häufig sogar für einen einzigen symbolischen Dollar. Ich dachte viele Jahre lang, dass eine gegenseitige Befruchtung von Politik und Wirtschaft insgesamt zu einem besseren gegenseitigen Verständnis und zu größerer Sachkenntnis führe. Dass das sehr viel besser sei, als auf der einen Seite eine politische Klasse zu haben, die nie in der Wirtschaft tätig war und die entweder aus Berufspolitikern oder ehemaligen Staatsbediensteten besteht, und auf der anderen Seite eine Managerklasse, die denkt, dass man in der Politik wie in einem Unternehmen regieren könne. Ich bin sehr unsicher geworden, ob das amerikanische Modell wirklich eine gute Sache ist. Die Missbrauchsmöglichkeiten sind groß, etwaige Interessenkonflikte scheinen nicht immer im Sinne der Gemeinschaft und des Allgemeinwohls gelöst zu werden.

Ich kenne zwar keine Statistiken, denke aber, dass in der westlichen Welt die Lobby des Finanzwesens der schlagkräftigste aller Lobby-Verbände ist, noch effizienter als die Lobby auf dem Energiesektor, dem Autosektor, dem Rüstungssektor oder im Pharmabereich. Nur die Bauernverbände können vielleicht mithalten, auf nationaler Ebene. Der Grund liegt nicht nur in dem vielen Geld, mit dem Heerscharen von Lobbyisten bezahlt werden, sondern in den exzellenten Verbindungen auf allerhöchster politischer Ebene. Die Topbanker beraten nicht nur in den USA, sondern überall auf der Welt die Regierungschefs und ihre Minister. Man denke nur an die ziemlich lächerliche Aufregung, welche die Ausrichtung der »Geburtstagsparty« für Deutsche-Bank-Chef Ackermann im Bundeskanzleramt hervorgerufen hat.

»Wir müssen die anstehenden Reformmaßnahmen so optimieren, dass wir ein stabileres System bekommen, aber zugleich zu hohe volkswirtschaftliche Kosten für die Gesellschaft vermeiden«, sagte Ackermann zwei Monate später dem »Spiegel«. Wir wollen nicht vergessen: Josef Ackermann ist Präsident des Institute for International

Finance, *des* internationalen Bankenlobby-Verbandes; das IIF ist sozusagen das offizielle Aushängeschild des globalen Bankwesens und stets bemüht, sich als verantwortungsbewusster Partner der Allgemeinheit zu zeigen. Bedeutete also, was er sagte, dass eine den Banken nicht genehme neue Regulierung der Gesellschaft zu hohe Kosten verursachen würde, war es eine Drohung? Oder wollte er ganz einfach sagen: Je höher die Bankengewinne, desto besser geht es der Gesellschaft?

Nicht zuletzt in Deutschland haben einige hochrangige Bankenrepräsentanten besonders laut nach staatlichen Rettungsmaßnahmen gerufen, jetzt profitieren sie davon, entweder direkt oder als Trittbrettfahrer. Trittbrettfahrer sind natürlich auch die Banken, die relativ unbeschadet aus der Krise hervorgegangen sind, zum Beispiel Goldman, JP Morgan oder die Deutsche Bank. Ohne die staatlichen Rettungsmaßnahmen wären auch sie den Bach runtergegangen, es hätte die ganz große Katastrophe gegeben. Aber das ist Vergangenheit, das ist einkassiert, das war gestern. Die Botschaft seither ist überall die gleiche: Lasst uns in Frieden, wir brauchen euch nicht (mehr).

Für diejenigen Banken, die das Beben relativ unversehrt überlebt haben, ist der Wettbewerb geringer geworden. Lehman Brothers ist pleite, Bear Stearns zwangsübernommen, Merrill Lynch bei der Bank of America untergekommen, die Citibank teilverstaatlicht und so weiter. Und die Gewinner? In den USA werden Goldman Sachs und JP Morgan als Gewinner der Krise gesehen, in der Londoner City Barclays und HSBC, auf dem Kontinent die spanische Grupo Santander; viele zählen auch die Deutsche Bank zu den Gewinnern. Diese Banken scheinen deutlich weniger angeschlagen als andere. Doch ist es noch nicht aller Tage Abend. Die Bundesbank schätzte im Winter 2009 den zusätzlichen Abschreibungsbedarf bei deutschen Banken auf bis zu 90 Milliarden Euro, davon bis zu 75 Milliarden auf »normale« Kredite, die konjunkturbedingt notleidend werden, und bis zu 15 Milliarden auf giftige Verbriefungen. Der Chef des Internationalen Währungsfonds, Dominique Strauss-Kahn, äußerte ähnliche Bedenken: Gut die Hälfte der Verluste des internationalen Finanzsystems könnte noch in den Bankbilanzen schlummern, insbesondere in Europa.

Warum wurde in den USA nach Ausbruch der Krise so viel mehr abgeschrieben als in Europa? Man muss sich dabei vor Augen halten, dass die Banken erhebliche Ermessensspielräume bei Rückstellungen und Abschreibungen genießen. Ich entsinne mich noch gut an die »Bilanzsitzungen«, die wir früher in meiner Bank hatten. Wenn wir im abgelaufenen Geschäftsjahr einen guten Gewinn eingefahren hatten, den wir aus steuerlichen Gesichtspunkten nicht so hoch ausweisen wollten, oder wenn wir ein Gewinnpolster in das nächste Jahr vor uns her schieben wollten, dann überlegten wir, wie wir die Rückstellungen gewinnschmälernd erhöhen konnten. An jeden Kredit wurden extrem strenge Maßstäbe angelegt, alle möglichen negativen generellen gesamtwirtschaftlichen und branchenmäßigen Entwicklungen wurden erörtert, und zum Schluss hatten wir dann einen großen Rückstellungstopf gefüllt und waren glücklich. Wenn das Jahr nicht gut gelaufen war, ging es andersherum. Die Rückstellungen wurden auf ein gerade noch vertretbares Minimum reduziert, der magere Gewinn wurde nicht noch weiter geschmälert, der Verlust fiel nicht ganz so hoch aus wie befürchtet. Daran war und ist nichts Illegales, Banken haben eine große Palette zur Bewertung ihrer Aktiva.

Wie immer sich der Abschreibungsbedarf entwickeln wird, festzuhalten bleibt: Auch die Gewinner unter den Banken haben allesamt auf vielfache Weise erheblich von den Rettungsmaßnahmen profitiert. Eine der absurdesten Konsequenzen der Krise besteht darin, dass sie jetzt erst recht »too big to fail« sind, eine Tatsache, der sich die Aufsichtsbehörden schnellstens widmen sollten.

Vom zweiten Quartal 2009 an ging es also wieder deutlich aufwärts. Die meisten Banken verzeichneten im Investmentbanking ihre größten Gewinnzuwächse; die Aktienmärkte legten bis Ende des Jahres mit etwa 60 Prozent eine rasante Rallye hin; die Unternehmensanleihemärkte waren in Champagnerlaune, der Renditerisikoaufschlag im Verhältnis zu Staatsanleihen halbierte sich beinahe; einige Rohstoffmärkte, insbesondere das Gold, stiegen wieder an; selbst die »Covenants Lite« hielten hier und da wieder Einzug in die Kreditverträge; einzig der Dollar schien über weite Strecken des Jahres der Verlierer zu sein. Alle Zeichen deuteten darauf hin, dass die Marktteilnehmer zur Normalität der Zeit vor der Krise zurückgekehrt waren oder jedenfalls zurückkehren wollten.

Aus diesem Blickwinkel – und nur aus diesem – kam das Ende der Krise viel zu früh. Es ist nicht genug Zeit für die in der Finanzwelt Tätigen vergangen, um das Geschehene zu verdauen, zu verinnerlichen, zu reflektieren – und vielleicht daraus zu lernen. Es gehört daher zu den ersten Pflichten von Politik und Aufsichtsbehörden, hier einzugreifen. Dies werden sie nur dann entschlossen tun, wenn der politische Druck durch die Wähler bestehen bleibt. Dieser Druck sollte sich aber nicht an den Boni festmachen; das ist ein hochemotionales Thema, das verständlicherweise häufig mit Neidgefühlen und Bitterkeit vermischt ist. Wir sollten auf qualitativ besserer Aufsicht, systemsichernden Regularien und vor allem auf internationaler Kooperation bestehen. Ob wir damit gegen eine wohlorganisierte und finanziell außerordentlich gut ausgestattete Finanz-Lobby erfolgreich bestehen können, bleibt abzuwarten.

Im September 2009 fand der G-20-Gipfel in Pittsburgh statt. Dort wurden Maßnahmen beschlossen, die das globale Finanzsystem auf gesündere Füße stellen sollen. Aber bleibt der politische Druck, diese Maßnahmen auch zu implementieren, die Gesetze und regulativen Vorschriften auch zu verabschieden? Je länger zugewartet wird und je mehr sich die Regierungen wieder auf ihre jeweiligen nationalen Probleme statt auf ihre gemeinsame globale Finanzverantworung konzentrieren, desto geringer die Aussicht auf Erfolg.

Kapitel IX

Was kann, was muss sich ändern?

Eine zweite große Krise mit nachfolgender Rettungsaktion können wir uns auf absehbare Zeit nicht leisten. Weder hätten die Finanzminister dafür das Geld, noch könnte man verhindern, dass die gebeutelten Bürger auf die Barrikaden gehen – wenn nicht buchstäblich, dann in ihrem Wahlverhalten. Weitere Billionen, um einem einzigen Wirtschaftszweig unter die Arme zu greifen, dessen Repräsentanten sich wie die schlimmsten Aristokraten vergangener Zeiten auf Kosten der Bevölkerung bereichern? Die Guillotine muss begraben bleiben, aber eine radikale Umkrempelung des Finanzsystems ist angesagt.

Die Krise hat uns gelehrt, dass wir die Funktionen im Bank- und Finanzsystem genauer trennen und überwachen müssen. Die Funktion als Kapitalsammelstelle und das Kanalisieren des Sparaufkommens in produktive Investitionen sowie die Zahlungsfunktion auf der einen, die Spekulation auf der anderen Seite. Beide Funktionen waren bisher aufs engste verquickt, eine substanzielle Entflechtung sollte erreicht werden. Viele verschiedene Einzelmaßnahmen werden international diskutiert, davon werden viele gesetzlich verankert werden. Ob diese wirklich zu einer genuinen Umstrukturierung führen oder nur an den Symptomen herumdoktern, werden wir erst in Zukunft beurteilen können. Klar ist, es muss weiterhin mit Hochdruck an einer Strukturverbesserung gearbeitet werden. Finanzmarktkrisen sind nichts Neues, es wird sie auch in Zukunft geben, aber für die nächste müssen wir besser gerüstet sein, sie darf nicht wieder die Gefahr einer systemischen globalen Kernschmelze in sich bergen.

Sämtliche Rettungsmaßnahmen seitens der Regierungen und Notenbanken nicht nur in den USA, Großbritannien oder Deutschland, sondern überall auf dem Globus sind ad hoc, von einem Tag auf den anderen und völlig ohne Vorbereitung, ergriffen worden. Eine Brandbekämpfung in gigantischem Stil. Es ist undurchsichtig, wer wem und aus welchem Topf was bezahlt hat oder immer noch zahlt, welche Risiken damit willentlich eingegangen wurden, in welchem Maße wir uns auf beruhigende Worte der Verantwortlichen verlassen, ohne dessen gewahr zu sein. Die einzige Klarheit, die wir haben, ist, dass wir als Steuerzahler und Bürger werden bezahlen müssen. Es ist daher notwendig, Transparenz zu schaffen und diese durch klar verständliche Regeln und Programme zu untermauern.

Besonders eklatant ist diese Undurchsichtigkeit in den USA. Dort gibt es ein reichliches Dutzend verschiedener Rettungs- und Konjunkturhilfeprogramme, aber es ist unklar, was die Empfänger eigentlich mit dem Geld machen und wie viel tatsächlich in Anspruch genommen wurde. Der von der Regierung eingesetzte Generalinspektor des größten Bankenrettungsprogramms, das 700 Milliarden Dollar schwere Troubled Asset Relief Programme oder TARP, schätzte im Sommer 2009, dass der US-Steuerzahler insgesamt mit bis zu 23,7 Billionen Dollar ins Obligo kommen könnte – das US-amerikanische Bruttoinlandsprodukt für 2008 betrug etwa 14,2 Billionen Dollar. Die Angaben wurden vom US-Finanzministerium sofort als Fehlkalkulation dementiert, aber mit einer eigenen genauen Aufstellung wartete das Ministerium nicht auf. Auch wurden in den USA Programmteile umgewidmet. So war das noch unter Präsident Bush aufgelegte TARP-Programm ursprünglich ausschließlich für die Rettung von Banken bestimmt. Präsident Obama zwackte dann aber viele Milliarden für die Rettung der Autoindustrie ab. Ende 2009 stellte sich heraus, dass die TARP-Mittel immer noch nicht ganz ausgeschöpft waren, also sollte der Arbeitsmarkt damit alimentiert und außerdem ein Kreditprogramm für kleine Firmen aufgelegt werden. Für jede Zweckverwendung gibt es gute Gründe, aber keiner blickt mehr durch, aus welchen Töpfen was bezahlt wird.

Es muss jedoch nicht nur schleunigst Transparenz hergestellt werden. Ebenso dringend notwendig ist es, geplante Veränderungen im regulatorischen Bereich für das Finanzwesen gesetzlich zu verabschieden. Die immer noch vorhandene Schwäche in der Realwirtschaft darf nicht dazu führen, dass das Notwendige aufgeschoben wird. Vielleicht wird man einige der neuen Regeln erst von einem bestimmten Datum an implementieren wollen, aber die gesetzliche Verankerung muss jetzt erfolgen.

Moral Hazard und die systemische Vernetzung in der globalen Finanzwelt sind als Kernübel erkannt worden. Dass die bisherige Vergütungspraxis falsche Geschäftsanreize gibt, ist unumstritten, jedenfalls außerhalb der Finanzwelt. Über die Notwendigkeit besserer Eigenkapitalausstattung der Banken ist man sich ebenfalls einig. Die

zukünftige Rolle der Aufsichtsbehörden wird breit diskutiert. Maßnahmen zur größeren Transparenz im Geschäft
der Ratingagenturen sind eingeleitet, gehen aber nicht weit
genug. Die Notwendigkeit engster globaler Koordination
ist fraglos akzeptiert, die Einigung auf internationaler Ebene läuft aber nur mühsam an. Man denke nur an die jeweiligen Alleingänge in Washington und London. Weder der
Plan für die amerikanische Bankensondersteuer und das
geplante Verbot für Geschäftsbanken, risikoreiches Geschäft zu betreiben, noch die britische Bonussteuer waren
vorher international abgesprochen worden.

Die G-20-Staaten haben sich auf ein Programm mit
folgenden Schwerpunkten geeinigt: höheres Eigenkapitalpolster für die Banken, stärkere Überwachung der Hedgefonds, Regeln für die Vergütungssysteme, systemische
Überwachung des Finanzwesens. Diese Absichtserklärung
ist begrüßenswert, bringt uns allerdings zu der Frage: Wie
soll das alles in der Praxis konkret umgesetzt werden? Was
soll und muss passieren, und was können wir von der
Politik realistisch erwarten?

Die Begrenzung des Moral Hazard

Die meisten Bankenchefs werden es im Nachhinein wohl
bedauern, dass sie schon 2009 wieder so hohe Gewinne
ausgewiesen und den Mund über ihre Vergütung so voll
genommen haben. Damit haben sie die Diskussion um
ihr Geschäftsmodell noch zusätzlich angeheizt. Hätten sie,

was ja durchaus sinnvoll gewesen wäre, höhere Abschreibungen oder Rückstellungen vorgenommen und damit kleinere Gewinne ausgewiesen oder umgekehrt die höheren Gewinne in die Rücklagen gestellt, statt in Boni auszuzahlen, stünden sie heute etwas bescheidener da, jedenfalls weniger dreist, wäre der Zorn der Öffentlichkeit vielleicht etwas verraucht. So aber haben sie vor der ganzen Welt noch einmal unterstrichen, dass das Geschäftsmodell der großen Universalbanken hinterfragt werden muss und regulatorische Veränderungen zwingend sind. Sie haben es sich selbst zuzuschreiben, dass Präsident Obama sagte: »Niemals wieder soll der amerikanische Steuerzahler von einer Bank, die ›too big to fail‹ ist, in Geiselhaft genommen werden« – und die Steuerzahler überall auf der Welt applaudierten.

»Too big to fail« ist zu *dem* Thema geworden, aber die Lösungsansätze sind höchst unterschiedlich: Zerschlagung oder substanzielle Bilanzverkürzung wäre am radikalsten, bessere Eigenkapitalausstattung (je nach Höhe) am zahmsten.

Um den Moral Hazard der »Too big to fail«-Unternehmen zu mindern, wäre es am einfachsten, sie zu verkleinern und auf eine überschaubare Größe zurückzuführen. Es gibt bekannte historische Beispiele für die Zerschlagung von Unternehmensgiganten, Standard Oil im Jahre 1911 etwa (hier war allerdings nicht Moral Hazard die Ursache, sondern Missbrauch des Monopols); auch der amerikanische Telekomkonzern AT&T könnte hier genannt werden. Zerschlagung wäre im Endeffekt die sauberste Lösung, aber der Weg dahin ist vermint. Da gibt es viele praktische, rechtliche und politische Probleme. Die politischen Probleme sind offensichtlich. Verfechter der reinen Marktlehre sehen hier einen unerhörten Eingriff in den Wettbewerb. Marktdominanz wird den Banken nicht vorgeworfen, insbesondere in Deutschland haben die Banken in privater Hand nur einen relativ geringen Anteil am Gesamtbankengeschäft. In Großbritannien sieht das allerdings anders aus, da kann man sehr wohl von Dominanz sprechen, insbesondere weil die Regierung beide Augen fest zugedrückt und mit der Vermittlung der Übernahme von HBOS durch Lloyds sämtliche wettbewerblichen Bedenken vom Tisch gefegt hat.

Politischer Gegenwind kommt natürlich auch von den Banken selbst. Sie wollen sich nicht selbst amputieren, ihre Bosse sind vom gleichen Größenwahn ergriffen, wie wir ihn auch in der Realwirtschaft immer wieder erlebt haben. Man erinnere sich an die Übernahme 1998 von Chrysler durch Daimler-Benz: die Schaffung der »Welt AG«, wie der damalige Daimler-Chef Jürgen Schrempp so bescheiden formulierte. Die Banken werden sich mit Händen und Füßen wehren, die teuersten Anwälte anheuern, die längsten Verfahren anleiern und natürlich ihren Einfluss in der hohen Politik geltend machen. Und die hohe Politik wird ein offenes Ohr haben.

Zumindest in den großen europäischen Staaten will jeder seinen nationalen »Bank-Champion« behalten, da will jeder seinen Einfluss wahren, da will jeder eine global schlagkräftige Bank im eigenen Land haben. Man weiß nie, ob man die nicht einmal gebrauchen kann, man weiß nie, welche großen Transaktionen irgendwann einmal zu finanzieren sind, aber man weiß ganz genau, dass man den Finanzplatz im eigenen Land stützen will (das gilt in Deutschland übrigens ähnlich für die Bundesländer und deren Verhältnis zu ihren Landesbanken). Oder kann sich jemand vorstellen, dass die Bundeskanzlerin der Zerschlagung der Deutschen Bank, der französische Präsident der von BNP Paribas zustimmt?

Es bleibt abzuwarten, inwieweit sich die EU-Kommission mit ihren Vorschlägen durchsetzen wird. Sie sieht durchaus die Möglichkeit, sowohl große Universalbanken und Allfinanzinstitute als auch kleinere Institute aufzuspalten, insbesondere Banken, die direkt durch staatliche Maßnahmen am Leben erhalten werden. Zurzeit bereiten sich in Großbritannien die Royal Bank of Scotland, Lloyds und Northern Rock auf Geschäftsabspaltungen vor, in Deutschland die WestLB, die IKB und die Commerzbank, in Holland die ING. Weitere EU-Banken, die Staatshilfe erhalten haben, werden hinzukommen. Das von der Kommission angeordnete Gesundschrumpfen ist per se begrüßenswert; es wird allerdings den Wettbewerb für diejenigen Banken, die davon nicht betroffen sind, weiter vermindern und möglicherweise auch den Wettbewerb von in Europa ansässigen amerikanischen Banken. Hier gibt es einen dicken Wermutstropfen, denn es könnte zu ungewollten Wettbewerbsverzerrungen kommen.

Zwei Notenbanker, Philipp Hildebrandt von der Schweizerischen Nationalbank und Mervyn King von der Bank of England, haben sich 2009 an den in Bankenkreisen bis dato absolut verpönten Gedankenspielen über Aufspaltungen öffentlich beteiligt. Aus der Schweiz kamen eher

verhaltene, aus Großbritannien recht markige Worte. Ein
positives Echo blieb zunächst aus, bis Präsident Obama
Ende Januar 2010 auf diesen Zug aufsprang.

Mervyn King hat sich für das »Utility Banking« ausgesprochen. Das ist die Trennung von Banken in solche für
das sichere und für die Volkswirtschaft relevante Geschäft
und solche für mehr spekulative Geschäfte wie zum Beispiel den Eigenhandel. Die »sichere« Bank wird im englischen »Utility Bank« genannt, also etwa Versorgerbank,
im Sinne von Elektrizitäts- oder Wasserversorgern. Eine
Versorgerbank dürfte nur »langweilige« Geschäfte machen, also keine zu großen Risiken, keine giftigen Derivate, keine Spekulationen, keine Zweckgesellschaften – nur
das normale Einlagen-, Kredit- und Zahlungsgeschäft mit
dem Durchschnittsbürger und kleineren Firmen. Das hat
wenig Flair, brächte nur eine geringe Eigenkapitalrendite,
wäre jedoch relativ witwen- und waisensicher. Aber würde
es auch funktionieren?

Die praktische Definition der Versorgerfunktionen wird
sich als sehr kontrovers und schwierig herausstellen. Auch
werden weite Teile der Mittelschicht nicht ohne die Produkte einer etwas mehr spekulativ ausgerichteten Bank
auskommen wollen, Vermögende und große Firmen ohnehin nicht. Auf der anderen Seite wäre dem mehr spekulativ
orientierten Bankensegment das Massensparaufkommen
entzogen. Dadurch könnte dieses Segment noch volatiler
werden, ein neues Schattenbankensystem könnte die Folge
sein. Es ist auch überhaupt nicht ersichtlich, wieso der
Kollaps einer großen Nicht-Versorgerbank nicht ebenfalls
katastrophale Konsequenzen haben könnte. Das Konzept

des »Utility Banking« hat jedoch jetzt in Präsident Obama einen Freund gefunden; beraten wird er dabei von Paul Volcker, dem respektierten ehemaligen Chef der US-Notenbank, der dieses Konzept schon seit längerem propagiert. Nach Obamas Vorschlägen, als »Volcker-Regeln« bezeichnet, soll Geschäftsbanken der Eigenhandel und anderes risikoreiches Geschäft verboten werden, also eine gewisse Wiedergeburt des Glass Steagall Act. Die Details sind allerdings, ebenso wie bei vielen anderen geplanten Maßnahmen, noch völlig offen, und die Bankenlobby ist in Kriegsformation angetreten.

In den USA werden die Regierungspläne vom Kongress verabschiedet werden müssen, und so wurde denn auch sofort nach der Ankündigung Opposition laut. In Europa hält man sich noch bedeckt: Die britische Regierung geht ihren eigenen Weg, auf dem Kontinent will man am Universalbankensystem festhalten, die EU-Kommission strebt eher nach einer quantitativen als nach einer qualitativen Aufspaltung, von der neuen deutschen Regierung hat man überhaupt noch keine Vorschläge gehört.

In den Vereinigten Staaten gibt es außerdem einen Regierungsplan, eine Firmenkategorie einzuführen, in der alle Unternehmen aufgelistet werden, deren Pleite das Bankensystem gefährden könnte. Darunter fallen Firmen in der Finanzwelt, aber auch solche in der Realwirtschaft, die große Finanzsparten zum Beispiel im Leasing, Hire-Purchase oder anderen Finanzierungsarten haben. Diese Firmen sollen speziell beaufsichtigt werden, Aufsicht und Auswahl der Firmen soll durch die Fed erfolgen, im Ernstfall können sie unter einem neuen Insolvenzrecht zerschlagen werden.

Es wäre allerdings sehr viel wünschenswerter, die Citibank oder die Bank of America oder JP Morgan Chase auf ein insgesamt kleineres und übersichtlicheres Maß zurückzuführen, statt sie in eine neue Firmenkategorie einzuordnen. Sollten allerdings die Volcker-Regeln Gesetz werden, würden die großen Geschäftsbanken ohnehin Abspaltungen vornehmen müssen und damit kleiner werden.

Eine Zerschlagung – allerdings erst nachdem der Ernstfall eingetreten ist – hat auch der Ansatz des »Abwicklungsplans« (Living Will) im Auge. Hier werden große Banken und Versicherungen gezwungen, quasi ihr Testament zu machen, so dass man nach ihrem Ableben leichter über die Erbmasse verfügen kann. Dafür müssen sie ihre Unternehmensstruktur entflechten, denn sie alle besitzen ein wirres Knäuel von Aberhunderten, wenn nicht -tausenden von kreuz und quer verzweigten Tochtergesellschaften, Filialen und Beteiligungen. Der Hauptgrund für die völlig unübersichtliche Firmenstruktur liegt in dem Bemühen, die Steuern und die vorgeschriebene Kapitalunterlegung zu minimieren; in der Realwirtschaft sehen die großen Konzernstrukturen übrigens nicht anders aus, auch hier ist der Wunsch nach Steuer- und regulatorischer Minimierung die treibende Kraft. Deshalb auch der Aufschrei der Banken, die höhere Steuern und höhere Kapitalunterlegung auf sich zukommen sehen und für die schon die Entflechtung selbst kostspielig wird. Finanzminister dagegen hoffen auf ein Trostpflaster für ihren Steuersäckel. Nach einer solchen Entflechtung würde es leichter sein, eine Bank, die in Schieflage gekommen ist, aufzuspalten, gesunde Sparten zu verkaufen oder weiterzuführen und kranke Segmente in Quarantäne zu schicken oder zu liquidieren, um das globale System nicht zu infizieren.

Ende November 2009 wurde berichtet, dass das Financial Stability Board (FSB), das nach der Finanzkrise von den G-20-Staaten als internationale Finanzaufsicht gegründet worden ist, eine Liste mit 30 global tätigen Finanzinstituten aufgestellt habe, die verpflichtet seien, ein solches Testament zu machen, darunter die Deutsche Bank und die Allianz. Das FSB hat die Existenz einer solchen Liste allerdings dementiert. Dennoch wird erwartet, dass die großen globalen Finanzinstitute bis Ende 2010 ein solches Testament gemacht haben müssen. Es ist in der Tat eine sinnvolle Maßnahme, aber der Widerstand der Banken ist immens, und sie leisten intensive Lobbyarbeit. Doch selbst wenn Abwicklungspläne gesetzlich verankert werden, können die Banken passiven Widerstand leisten und zur Verschleppungstaktik übergehen. Es ist nicht unwahrscheinlich, dass sie ihre Testamente zwar abliefern, aber diese von den Behörden als unzureichend angesehen werden. Es ist daher fraglich, ob und wann diese Maßnahme im Ernstfall greifen wird.

Nachhaltigkeit

Die Banken haben sich nicht als genügend widerstandsfähig erwiesen. Viele ihrer Aktiva wurden gleichsam über Nacht als Schund klassifiziert und mussten abgeschrieben werden, während ihre kurzfristigen Refinanzierungsmöglichkeiten versiegten. So wurden sie von zwei Seiten in die Zange genommen, und das Eigenkapital, das eine Puffer- und Stoßdämpferfunktion wahrnehmen sollte, erwies sich als zu dünn; die Stöße waren zu heftig, bei zu vielen brach die Achse. Eine bessere Eigenkapitalausstattung muss her, Frage ist, wie hoch soll sie sein?

In Europa werden die relevanten Vorschriften durch Basel II festgesetzt. Diese sehen eine prozentuale Kapitalunterlegung der risikogewichteten Aktiva vor. So muss für einen riskanten Kredit mehr Kapital hinterlegt werden als für einen weniger riskanten. Für als risikolos angesehene Aktiva wie zum Beispiel Bundesanleihen bedarf es gar keines Kapitals. In den USA oder der Schweiz wird zudem stark auf die Eigenkapitalquote geschaut, also auf das Verhältnis von Eigenkapital zur gesamten Bilanzsumme. Gegenwärtig wird überall an neuen Kapitalvorschriften gearbeitet, und dass die geforderte Unterlegung höher sein wird als bisher, ist abgemachte Sache. Es ist auch geboten. Aber schon hören wir lauten Protest der Banken, insbesondere auch aus Deutschland, und wenig verhüllte Drohungen werden ausgestoßen: Wenn ihr uns zu hohe Kapitalpolster aufzwingt, werden wir gar keine Kredite mehr an die Realwirtschaft vergeben können, außerdem werden Kredite für die Kundschaft dann sehr viel teurer werden, die negativen Auswirkungen auf die Konjunktur werdet ihr euch selbst zuschreiben müssen. Dieses Drehbuch kennen wir schon, könnten es mittlerweile selbst schreiben. Bleibt abzuwarten, wer sich als Regisseur bei dieser Debatte durchsetzen wird: die Banken oder die Aufsichtsbehörden.

Als ein weiteres Problem neben dem zu geringen Eigenkapital hat sich die in den Jahren vor der Krise zunehmende Abhängigkeit von der Refinanzierung auf den Geldmärkten erwiesen. Hier sollen die Banken künftig einen höheren Anteil an hochliquiden Aktiva halten, zum Beispiel Guthaben bei der Notenbank oder erstklassige Staatspapiere. Die höheren Liquiditätsanforderungen sollen dafür sorgen, dass Banken auch unter »Stress« mindestens dreißig Tage liquid bleiben.

In den USA wurde Ende 2008 ein sogenannter Stresstest für Banken durchgeführt, in der Europäischen Union im Sommer 2009. Da wurden die Bücher und die Gewinnund-Verlust-Rechnungen der einzelnen Banken in ein Modell eingegeben und bestimmten negativen Einflussfaktoren unterworfen. Wie gut kann eine Bank eine Rezession verkraften, wie gut einen Liquiditätsengpass, wie gut einen plötzlichen Verfall der Aktien- oder Anleihemärkte und so weiter. Der Stresstest war in den USA Grundlage für die Beurteilung der Behörden, ob und wenn ja, wie viel neues Eigenkapital eine bestimmte Bank brauchte und ob und wie viel der Staat einschießen sollte. Der Stresstest wurde anfangs zwar ein wenig als Augenwischerei angesehen, aber seine Eignung als eine Überwachungsfunktion unter anderen scheint jetzt unumstritten.

In diesem Zusammenhang muss mehr Transparenz gefordert werden. Insbesondere in Europa. Wir wollen wissen, wie die Stresstests der einzelnen Banken ausfallen, nicht nur beruhigende Worte über das Gesamtsystem hören. Wir wollen zum Beispiel wissen, was da eigentlich bei den Landesbanken – aber nicht nur bei denen – noch an Hässlichkeiten in den Bilanzen schlummert. Das sind quasi staatseigene Betriebe, wir sind die Eigentümer! Als ich im Banking war, gab es ein sehr herablassendes und wenig höfliches Wort für Banken, die von anderen Banken Wertpapiere oder Kredite kauften und sich ins Portfolio legten, aber keine Ahnung vom unterliegenden Risiko hatten: »Stuffees« – Stopfgänse. Diesen Banken wurde alles, was man sonst nicht recht im Markt verkaufen konnte, was man aber aus den eigenen Büchern loswerden wollte, in den Hals getrichtert, sie wurden dick und fett gemästet mit all dem unschönen Zeug – und sie merkten es noch nicht einmal. Es gab eine ganze Reihe von internationalen Banken in der City, die ein solch unprofessionelles Image hatten, und viele der deutschen Landesbanken gehörten leider auch dazu. Wenn wir uns die Entwicklung anschauen, scheint sich nicht viel geändert zu haben, die Bücher scheinen mit Müll vollgestopft zu sein, und deshalb ist es wichtig, dass wir endlich wissen, was sich in den Bilanzen verbirgt.

Das Schattenbankensystem

Das Schattenbankensystem hat wesentlich mit zur Krise beigetragen. Es war nicht reguliert, hatte aber doch einen substanziellen Einfluss auf den Verlauf und die Heftigkeit der Ereignisse. Das muss anders werden. Die Kontinentaleuropäer haben insbesondere die Hedgefonds und Private-Equity-Gesellschaften im Auge. Die sollen transparenter werden, die sollen sich Registrierungsvorschriften beugen. Doch zu einschneidenden globalen Maßnahmen wird es hier auf absehbare Zeit nicht kommen. Die USA und Großbritannien fürchten um ihren jeweiligen Finanzplatz, denn dort sind die meisten Hedgefonds angesiedelt. Der Sektor selbst wehrt sich mit Händen und Füßen gegen eine Regulierung und droht mit Abwanderung. Hier wird politisch gerungen werden, Regulierungsarbitrage droht.

Ende 2009 traf ich zufällig einen Hedgefonds-Manager wieder, den ich aus früheren Jahren kannte. Er hatte gleich nach dem Studium angefangen, bei einem Hedgefonds zu arbeiten, war sehr erfolgreich und machte sich nach einigen Jahren selbständig. Er ist heute – so scheint es – ein sehr wohlhabender Mann, Anfang dreißig (eigenes Flugzeug muss sein), ein kühler, reservierter, intellektueller Typ. Schon nach wenigen Sätzen brach es aus ihm heraus, voll des Zorns und der Erbitterung über die Dreistigkeit, seine Firma transparenter machen, sie vielleicht gar regulieren zu wollen. Er versprach mit seinem Geld Himmel und Hölle in Bewegung zu setzen, um das abzuwehren.

Zum Schattenbankensystem gehören auch die Zweckgesellschaften der Banken. Wie Pilze waren sie plötzlich aus der Erde geschossen und haben nicht selten ihre Banksponsoren mit in die Tiefe gerissen (man denke an die SachsenLB). Wie eine regulative Eindämmung der Zweckgesellschaften zu erreichen ist, ist noch ungewiss. Die beste Lösung wäre ein grundsätzliches Verbot jeglicher außerbilanzieller Aktivitäten der Banken. Ein solcher Schritt wäre zu begrüßen. Aber auch hier steht die Banklobby Kopf, außerbilanzielles Geschäft ist hervorragend geeignet, die Eigenkapitalrendite zu erhöhen – und die nicht immer erwünschte Transparenz zu umgehen. Es ist sehr zu hoffen, dass man sich international auf ein solches Verbot einigen kann, aber die Chancen stehen nicht gut. Die Volcker-Regeln sehen zwar ein Verbot für Geschäftsbanken vor, auf eigene Rechnung in Zweckgesellschaften zu investieren, aber ein radikales Verbot außerbilanzieller Tätigkeiten wäre eindeutig wünschenswerter.

Mitgefangen, mitgehangen

Mit dem schönen deutschen Wort »mitgefangen, mitgehangen« lässt sich die Forderung umschreiben, dass jeder Marktteilnehmer an den von ihm getätigten Investitionen auch mit eigenem Geld beteiligt ist, sozusagen teilweise unternehmerisch haftet. In diesem Zusammenhang ist vorgeschlagen worden, die Topmanager von Banken in die Haftung zu nehmen, so dass sie, jedenfalls zu einem gewissen Grade, wie Gesellschafter vom Erfolg oder Nichterfolg der von ihnen gemanagten Banken abhängen. Sie könnten sich zum Beispiel mit einer Einlage beteiligen. Auf den ersten Blick ein vernünftiger Vorschlag, aber praktisch wohl nicht durchsetzbar. Wie groß soll diese Einlage sein – ein Jahresgehalt, zwei, drei oder zehn? Warum sollen Bankmanager haften, wenn andere Topmanager in der Realwirtschaft das nicht tun? Und wenn die Topmanager die Bank verlassen, wie lange soll ihre Einlage dann noch haften, drei oder fünf oder zehn Jahre? Ein anderer Vorschlag lautet, das Investmentbanking zu verpflichten, wieder als Partnerschaften zu fungieren. So war Goldman Sachs, bevor die Bank 1999 an die Börse ging, eine Partnerschaft. Aber ist es nicht viel angenehmer, Millionen zu verdienen, ohne selbst zu haften? Die Politik wird sich nicht dazu versteigen, börsennotierten Investmentbanken einen Rückzug von der Börse vorzuschreiben; dieser Weg zurück ist verbaut.

Eine andere Maßnahme wird mehr Gefallen finden: die Vorschrift, dass Banken bei Verbriefungen oder Syndizierungen einen Teil der Transaktion in den eigenen Büchern behalten müssen. Eine sehr sinnvolle Regulierung, politischer Widerstand ist nicht erkennbar. Aber auch hier wird man sehen müssen, wie hoch die Selbstbehaltquote ausfallen soll. Banken werden versuchen, den Prozentsatz so klein wie möglich zu halten, bei den Aufsichtsbehörden werden fünf Prozent oder etwas mehr ins Visier genommen; mehr als zehn Prozent wären jedoch angemessener.

Das Vergütungssystem

Die aufgeblähten Boni erhitzen die Gemüter, und in den Medien wird im Zusammenhang mit dem Finanzkrach von wenig anderem berichtet. Aber diese Diskussion kann leicht in eine Sackgasse führen. Ein Bonussystem per se ist keine schlechte Sache. Der Arbeitgeber kann die Lohnkosten flexibler handhaben, beim Arbeitnehmer wird in schlechten Zeiten eher der Bonus wegfallen als sein Job (staatlich bezuschusste Kurzarbeit gibt es nur in Deutschland und einigen wenigen anderen europäischen Staaten). Das Problem liegt also nicht in den Boni als solchen, sondern in den falschen Anreizen – aber auch in ihrer absoluten Höhe. Das Problem ist außerhalb des Finanzsektors erkannt worden und wird auf die eine oder andere Weise in die neuen Vorschriften einfließen. Der mehrfach gehörte Vorschlag, etwa 60 Prozent der Boni in Aktien zu zahlen, die überdies mindestens drei Jahre gehalten werden müssten, erscheint zu zahm. Viele Banken hatten schon vor der Krise eine solche Regelung. Die Barkomponente muss deutlich unter 40 Prozent liegen, bei der Haltezeit wäre ein Zeitraum von fünf bis sieben Jahren angemessener. Vor allem muss während dieser Zeit der Bonus auch vermindert werden können, wenn sich herausstellt, dass sich die eingegangenen Geschäfte als nicht gewinnträchtig oder sogar als Verlust erweisen – Stichwort Malussystem.

Auch hier wird es schwierig, wenn nicht unmöglich sein, das bisherige Vergütungssystem und die Vorstellung, dass die eigene Vergütung Priorität genießt, aus den Köpfen der Betroffenen zu verdrängen. Wer während seines gesamten bisherigen Berufslebens an dieser Latte gemessen wurde und sich selbst daran gemessen hat, der wird sich mit einem wirklich neuen Bewertungssystem sehr schwertun und es ablehnen. Schließlich ist eine ganze Generation von Bankern in der City, und nicht nur dort, so »erzogen« worden.

So wie es die britische Regierung im Herbst 2009 vorgemacht hat, sollte das Problem jedenfalls nicht angegangen werden. Sie schrieb den (teil)verstaatlichten Banken Royal

Bank of Scotland und Lloyds vor, dass Angestellten, die mehr als 39 000 Pfund im Jahr verdienen, Boni nicht in bar ausgezahlt werden dürfen. Das mag für das landesweite Zweigstellennetz der beiden Banken eine angemessene Schwelle sein, für City-Verhältnisse liegt sie zu niedrig und hat zu Recht für erheblichen Unmut bei den Betroffenen gesorgt. Man darf nicht vergessen, das Leben in London und Umgebung und das Pendeln zum Arbeitsplatz sind teuer, und in Großbritannien kann nichts davon von der Steuer abgesetzt werden, Pendlerpauschalen und ähnliche steuerliche Wohltaten gibt es nicht. Außerdem sind viele City-Jobs anspruchsvoll und werden entsprechend bezahlt, auch wenn wir beklagen, was da teilweise angestellt wird. Die von der Regierung vorgeschriebene Gehaltsgrenze wird dazu führen, dass auch diejenigen getroffen werden, die eher bescheiden verdienen. Aber für die Regierung kam es darauf an, ein Signal zu setzen und der Bevölkerung einen Beweis dafür zu liefern, wie hart sie bei den Banken durchgreift und wie ernst sie die Wut auf die Banker nimmt. Über die entsprechenden Schlagzeilen in den Medien konnte sie sich freuen. Bei näherem Hinsehen zeigte sich aber, dass die Boni (beinahe) wie bisher verteilt wurden, wenn auch jetzt in Aktien und Anleihen. Die einzige Auflage bestand darin, dass die Nutznießer bis Sommer 2010 warten müssen, bevor sie die Hälfte dieser Wertpapiere verkaufen können. Das war ein populistisches Mätzchen, dem keiner aufsitzen sollte.

Im Dezember 2009 überraschte die britische Regierung das Publikum dann noch einmal: Der Schatzkanzler kündigte an, dass die Banken einmalig auf sämtliche Boni über

25 000 Pfund eine Steuer von 50 Prozent bezahlen müssten. Es war klargeworden, dass die 2009 in der City verdienten Boni sehr hoch lagen und den Volkszorn erregten – und damit den Wahlkampf von Labour im Frühjahr 2010 negativ belasten würden (Boni werden in der Regel im Februar oder März nach dem Geschäftsjahr, für das sie verdient werden, gezahlt). Doch die Bonussteuer scheint ein Schuss nach hinten gewesen zu sein. Viele Banken kündigten an, den überwiegenden Teil der Steuer selbst zu tragen, das heißt, sie sollte zu Lasten der Aktionäre, nicht zu Lasten der Mitarbeiter gehen. Die Mitarbeiter durften sich also weiter über einen Bonus in gleicher oder ähnlicher Höhe freuen wie vor der Steuerankündigung. Da die Bonussteuer eine Sonder- und Einmalsteuer ist, lässt sich kein anderer Schluss ziehen, als dass es sich auch hierbei um ein ziemlich durchsichtiges wahltaktisches Manöver der britischen Regierung handelte. Kurz nach der britischen Ankündigung kam allerdings Schützenhilfe aus Frankreich. Dort sagte Präsident Sarkozy, dass auch Frankreich eine Bonussteuer einführen wolle.

Die Rolle der Ratingagenturen

Die Ratingagenturen haben wesentlich zur Aufblähung der Verbriefungs- und Derivatenmärkte geführt. Ihre gute Benotung für Papiere, die sich als Giftmüll herausstellten, war ein bedeutender Faktor zur Auslösung der Krise. Die Agenturen sind auf der anderen Seite aber absolut not-

wendig für das Funktionieren der Anleihe- und Kreditmärkte, denn nicht jeder Investor kann und will eine
genaue Kreditwürdigkeitsprüfung betreiben, da die Pro-
duktvielfalt der Märkte viel zu groß und unübersichtlich
ist. Im Übrigen ist für viele Kreditprodukte ein Rating
wertpapierrechtlich vorgeschrieben. Der internationale
Markt wird von dem Dreier-Oligopol Moody's, Stan-
dard&Poor's und Fitch beherrscht. Die Barrieren für neue
Marktzugänge sind praktisch unüberwindlich. Es muss
daher eine internationale Lösung gefunden werden, Neu-
zugänge zu fördern und gleichzeitig – und das ist sehr
wichtig – Rating-Arbitrage zu verhindern. Man könnte
sich durch den Internationalen Währungsfonds oder andere internationale Organisationen gesponsorte Neugrün-
dungen vorstellen. Außerdem wäre es sinnvoll, wenn in
Zukunft wieder die Investoren für das Rating bezahlen
und nicht die Emittenten. So könnte der offensichtliche
Interessenkonflikt der Agenturen eliminiert werden. Ob
dies praktisch und technisch umsetzbar ist, muss geprüft
werden. Die Restrukturierung des Geschäfts der Ratingagenturen wird nicht leicht sein und läuft Gefahr, hintan-
gestellt zu werden, aber es ist ein Muss für die Zukunft.

Systemische Regulatorien

Vor der Krise haben sich die Bankenaufsichtsbehörden
vornehmlich auf die Regulierung individueller Banken
konzentriert. Das Argument lautete, wenn jede einzelne

Bank gesund ist, dann ist auch das System als Ganzes gesund. Das war offensichtlich zu kurz gedacht. Es kann weder garantiert werden, dass jede Bank zu jeder Zeit gesund ist, noch ist zu gewährleisten, dass es aufgrund der weltweiten Vernetzung nicht zu einer globalen systemischen Krankheit kommt. Also muss auch das Bankensystem in seiner Gesamtheit kontrolliert, müssen etwaige Fehlentwicklungen erkannt und behoben werden. Eine neue Regulierungsfunktion muss her.

In den USA sollte diese Aufsichtsfunktion zunächst der Notenbank zugeschlagen werden. Kritiker merkten hier nicht zu Unrecht an, dass es die Notenbank selbst war, die die schädliche Kreditgewährungspraxis auf dem (Subprime-)Hypothekenmarkt nicht erkannt hat, obwohl es ihre Aufgabe war, und mit billigem Geld die Blasenbildung unterstützte. Befürworter halten die Ansiedlung einer übergeordneten Aufsichtsfunktion bei den jeweiligen Notenbanken für richtig, da nur diese den großen Überblick haben und auch den Wald sehen, nicht nur die Bäume. Im Herbst 2009 sprach sich der Chef der US-Notenbank, Ben Bernanke, gegen die Ansiedlung einer solchen Aufsicht bei seiner Institution aus. Er ziehe ein neu zu gründendes Gremium vor, meinte er, das mit Repräsentanten aller US-Aufsichtsbehörden besetzt sein sollte.

Der Gedanke eines neuen systemischen Regulators ist zwar einsichtig, aber es drängen sich einige Fragen auf. Die erste Frage lautet vielleicht etwas simpel, was uns veranlasst zu glauben, warum neue Aufsichtsbehörden besser funktionieren sollen als die alten, die die krisenhaften Entwicklungen zum Teil völlig verschlafen haben. In den neuen Behörden werden wohl auch zum Teil dieselben Mitarbeiter sitzen, und sie werden höchstwahrscheinlich von denselben Personen geleitet werden wie die bisherigen. Schlafen diese Menschen jetzt weniger? Haben sie mit einem Mal mehr Sachverstand? Haben sie ihre alten marktpolitischen Überzeugungen über Bord geworfen? Haben sie gelernt? Wie wir aus der Politik wissen, ist es nicht unbedingt effizient, immer neue Ausschüsse und Gremien zu berufen, ein Problem muss auch gelöst werden. Im Finanzwesen ist es nicht anders. Die Priorität muss auf Kompetenz, Integrität, Vorurteilslosigkeit und Durchsetzungsvermögen liegen; braucht man dafür eine neue Behörde? Sollten der neuen Behörde allerdings weitreichende, neue gesetzliche Eingriffsmöglichkeiten eingeräumt werden, dann ließe sich vielleicht das eine und andere bewirken.

Der zweite Einwand ist eher theoretischer Art: Wäre die neue Überwachungsbehörde bei der Notenbank angesiedelt oder ihr zumindest personell dadurch eng verbunden, dass dieselben Personen in beiden Gremien vertreten sind, könnte ein Interessenkonflikt auf die Notenbank zukommen. Die Kernfunktion einer Notenbank ist die von der Politik (mehr oder minder) unabhängige Geldpolitik. Der Auftrag, systemischen Gefahren frühzeitig aus dem Weg zu gehen, könnte der eigentlich gebotenen Geldpolitik zuwiderlaufen. Da könnte zum Beispiel wegen einer systemischen Gefährdung der Zins zu niedrig gehalten werden, da könnte eine Zinspolitik betrieben werden, die zwar angemessen für das Finanzwesen, nicht aber für die Volkswirtschaft als Ganzes ist.

So theoretisch, wie es scheinen mag, ist die Frage im Übrigen nicht. Schauen wir zurück auf den Herbst 2009: Unter normalen Umständen hätte die Europäische Zentralbank, hätten möglicherweise auch andere Notenbanken die Liquiditätsschwemme eingedämmt, vorerst wohl ohne Anhebung der Leitzinsen. Die Konjunktur hatte sich stabilisiert, auf den Finanzmärkten gab es schon wieder Anzeichen von Blasenbildung, umspült von den Wogen billigen Geldes. Aber die EZB hat den Geldfluss nicht gedrosselt. Warum? Um das Bankensystem aufzupäppeln, um es den Banken leichter zu machen, Gewinne einzufahren und ihr Eigenkapitalpolster zu vergrößern (und große Bonustöpfe zu füllen). So wurden die Banken geradezu eingeladen, Liquiditätsrisiken einzugehen, nämlich kurzfristig zu borgen, um mit dem Geld höhere Risiken zu finanzieren.

Die Schaffung einer neuen Aufsichtsbehörde ist billig, politisch nicht umstritten, selbst das Finanzwesen hat nichts dagegen. Es ist daher davon auszugehen, dass solche Behörden kommen werden. Dass das eine bahnbrechende Neuigkeit sein soll, will mir allerdings nicht recht einleuchten. Es gibt auch jetzt schon Behörden für die Gesamtbankenaufsicht, und deren Chefs haben auch bisher schon auf internationaler Ebene engen Kontakt gehalten – abgewendet wurde dadurch nichts. Mir kommt es so vor, als solle den Bürgern in den USA, Großbritannien oder der Eurozone gezeigt werden, dass die Politik nicht untätig sei. Es ist allerdings geboten, sämtliche Aufsichtsbehörden, ob neu geschaffene oder schon bestehende, finanziell gut auszustatten. Sie müssen in der Lage sein, Topleute anzuheuern, auch für die zweite und dritte Reihe. Es ist kein Zustand, dass die Kontrolleure weniger Fachwissen und intellektuelle Pfiffigkeit besitzen als die Kontrollierten. Hier wäre die Investition von Steuergeldern wirklich sinnvoll, oder aber man schafft eine eigene Bankenumlage, so dass das Bankwesen selbst für seine Kontrolle zahlt.

Was den notwendigen und reinigenden Neuanfang angeht, gibt es Kritiker, die sich öffentlich darüber wundern, dass bisher gegen kaum einen der verantwortlichen Topbanker Anklage erhoben wurde. Nur offensichtliche Betrüger stehen vor Gericht, Menschen, die Dokumente gefälscht oder Handelspositionen wissentlich falsch verbucht haben, nicht jedoch die Hauptverantwortlichen. Aber wären solche Prozesse, wenn sie denn rechtlich gangbar wären, wirklich der richtige Weg, braucht man den öffentlichen Pranger? Ich könnte mir vorstellen, dass wir dann jahrelang während Prozesse erleben, die den Steuerzahler noch einmal Millionen kosten, um am Ende doch einen Freispruch zu hören. Freisprüche hat es zum Beispiel in den USA im November 2009 für zwei ehemalige Bear-Stearns-Manager gegeben, die wegen Anlagebetrugs angeklagt waren. Durch solche Freisprüche, auch wenn sie juristisch völlig gerechtfertigt sind, wird kein Vertrauen wiederhergestellt, die Bitterkeit bei den direkt oder indirekt Betroffenen bleibt. Nein, Prozesse scheinen mir der falsche Weg für einen Neuanfang.

Eine grundsätzliche Frage:
Wie groß soll der Finanzmarkt eigentlich sein?

Eine der Kernfunktionen unseres Finanzwesens ist das Sammeln von Sparkapital und dessen Kanalisierung in produktive Investitionen. Aber muss der Finanzmarkt für diese Aufgabe eigentlich so groß sein? Sollen wirklich alle die jungen intelligenten und ehrgeizigen Leute, die mit Diplomen, Master Degrees und Doktortiteln der besten Universitäten ausgestattet sind, zu den Banken streben? Dort bekamen sie bisher das meiste Geld, und daher kann man ihnen diesen Weg nicht verübeln. Aber wäre es nicht besser, sie würden ihre Karriere in der Realwirtschaft suchen, da, wo die Arbeitsplätze geschaffen werden? Ist es wirklich produktiv, dass die Besten der jungen Generation in den Handelsräumen schwitzen und über Modellen brüten, nur um wegen eines klitzekleinen Arbitragevorteils gegeneinander im Wettbewerb zu stehen? Kostet es unsere Gesamtwirtschaft nicht zu viel, ein solches System zu unterhalten? Sollten wir nicht darüber nachdenken, ob wir mit einem kleineren Finanzsektor möglicherweise besser fahren?

Solche Fragen, die früher eher die Akademiker beschäftigt haben, wurden im Sommer 2009 zum ersten Mal vom Chef einer Aufsichtsbehörde geäußert. Es war Adair Turner, der relativ neue Chef der britischen Financial Services Authority (FSA). Es war eine mutige Äußerung, insbesondere in Großbritannien, wo der Finanzmarkt immer wie eine heilige Kuh behandelt wurde. Turner hat denn auch sofort heftigsten Widerspruch erfahren, insbesondere natürlich von der Bankenlobby, aber auch vom Londoner Bürgermeister, der von den Steuern des Bankenviertels profitiert. Turners Gedanken sollten aufgenommen und diskutiert werden.

Es wäre zu wünschen, dass sich ein Teil des Investmentbankings wieder zum Merchant Banking zurückentwickeln würde. Keine aufgeblähten Handelsräume zu Spekulationszwecken auf den Finanzmärkten, sondern Finanzinstitute, die sich als Dienstleister für Großkunden verstehen und diesen bei Investitionen, Handel und Kapitalmarktgeschäften zur Seite stehen. Der Bezug zur Realwirtschaft muss wiederhergestellt werden. Das Engagement der Banken in Spekulationsgeschäften schafft keinen eigentlichen Mehrwert. Da können zwar hohe Kapitalgewinne erzielt werden, aber es wird nichts Neues geschaffen, nichts zusätzlich produziert, keine einzige neue Dienstleistung erbracht.

Ich fand es im Banking immer besonders interessant, wenn ich bei Kundenbesuchen Fabriken besichtigen und tatsächlich sehen und fühlen konnte, was der Kunde mit dem Geld meiner Bank machte. So produzierte einer der Kunden Latexhandschuhe für das Reinigungswesen und die Medizin. Da kam ich in eine große Halle mit einer Fließbandschlaufe, die durch ein Latexbad lief. Auf dem Fließband erhoben sich kurz vor dem Bad weiße, gespenstisch anmutende Hände, die dann mit Latex beschichtet wurden, durch eine Trocknungsanlage liefen und danach adrett zu Handschuhen wurden (zur höchlichsten Belustigung meiner Kollegen stellte die Firma auch andere Latexprodukte her, aber *diese* Produktionsstätte habe ich nicht besichtigt). Oder ich bin mit Schutzhelm auf Baustellen herumgeklettert, weil wir Bürogebäude finanzierten, oder mit Haarnetz und Mundschutz bei einem Süßwarenhersteller am Fließband gestanden. Das war nicht nur interessant und hat Spaß gemacht, das war auch insofern befriedigend, als der Bezug zur Realität nicht verlorenging. Ich hatte das Gefühl, etwas Sinnvolles zu tun, Banking war kein Selbstzweck.

Adair Turner hat noch einen anderen Vorschlag gemacht, er hat die über Jahre so belächelte Tobin-Steuer aus der Versenkung geholt und in den Mittelpunkt der Diskussion gestellt. Diese Steuer ist nach dem Nobelpreisträger James Tobin benannt, der Anfang der siebziger Jahre eine Steuer auf Devisengeschäfte vorgeschlagen hatte, um damit die Devisenspekulation einzudämmen; die Erlöse sollten als Hilfe für Entwicklungsländer verwendet werden. Der Gedanke dieser Steuer ist deshalb über Jahre von linken Gruppierungen immer wieder in die Diskussion gebracht worden, aber die Steuer selbst wurde nie eingeführt. Turner hat vorgeschlagen, eine Steuer auf Banktransaktionen zu erheben, denn damit würde der Topf für die Boni kleiner und das Finanzwesen auf ein sinnvolleres Maß zurückgeführt.

In Deutschland stieß dieser Vorschlag auf offene Ohren. Der damalige Finanzminister Peer Steinbrück nahm sich seiner an und forderte eine solche Steuer auf alle Finanztransaktionen. Beim Treffen der G-20-Staaten im September 2009 hat Steinbrück zwar zunächst nicht besonders viel Sympathie damit gewonnen, aber der Internationale Währungsfonds wurde beauftragt, den Gedanken zu prüfen. Im Dezember sprach sich dann auch die EU für diese Steuer aus und bekräftigte noch einmal den Auftrag an den IWF, ein solches Vorhaben zu prüfen.

Die Tobin-Steuer wird nicht nur von den Banken abgelehnt, weil sie Kosten verursacht, der Kostenfaktor hält auch andere Marktbeobachter davon ab, sich für sie auszusprechen. So würde sie zum Beispiel auch Pensionsfonds treffen, also die Institute, die die Altersvorsorge breiter Bevölkerungsschichten verwalten. Die Kosten einer solchen Steuer würden von diesen Schichten getragen werden, nicht von den Banken. Es ist denn auch sehr fraglich, ob hier eine globale Einigung erreicht werden wird, zumal auch die USA keinen Gefallen an dieser Idee zu finden scheinen – und ohne die USA ist jeder Gedanke an eine globale Transaktionssteuer ein totgeborenes Kind.

Immerhin scheint sich die Einsicht, dass die Banken für den Moral Hazard, für die implizite Staatsversicherung, zahlen müssen, bei den Politikern in aller Welt durchgesetzt zu haben. Dies ist zu begrüßen. Das Gerangel wird darüber entstehen, wie hoch diese Versicherungsprämie sein soll und wie sie in der Praxis erhoben wird. Die US-Regierung hat angekündigt, dass sie von den großen Banken eine Sondersteuer erheben will, um die direkten Rettungskosten durch das TARP (Troubled Asset Relief Programme) wieder hereinzuholen. Über zehn Jahre soll diese Steuer erhoben werden und dem Fiskus zwischen 90 und 120 Milliarden Dollar einbringen. Eine, wie ich meine, halbherzige Maßnahme. Auf der einen Seite liegen die volkswirtschaftlichen Kosten um ein Vielfaches höher, auf der anderen ist die Steuer zeitlich und quantitativ begrenzt, ihre Bezugsgröße liegt in der Vergangenheit. Es wäre sinnvoller, sie permanent als Gebühr für die implizite Staatsversicherung zu erheben.

Sämtliche Maßnahmen zur Änderung des Geschäftsmodells der Banken oder zur Begrenzung des Finanzwesens sind für die Banken kostenträchtig und werden darüber hinaus deren Spekulationsgewinne eindämmen. Die Eigenkapitalrendite wird deutlich geschmälert werden. Das ist grundsätzlich kein Problem, denn mit zwölf bis fünfzehn Prozent statt wie den von der Deutschen Bank angepeilten 25 Prozent lässt es sich auch ganz gut leben. Aber auch hier wird die Welt nicht fein säuberlich in Schwarz und Weiß aufgeteilt werden können. Es steht zu befürchten, dass die Banken die höheren Eigenkapitalkosten jedenfalls zum Teil auf die Kunden abzuwälzen versuchen und sowohl die Kreditaufnahme als auch der übrige Bankenservice für die Realwirtschaft, seien es Unternehmen oder das breite Publikum, dadurch teurer werden.

Turners Anregungen führen zum Phänomen der Finanzialisierung. Inwieweit kann und soll der fortschreitenden Bedeutung der Finanzmärkte und des Finanzwesens für das gesamte menschliche Verhalten und Agieren Einhalt geboten werden? Ist Finanzialisierung eine schädliche Entwicklung, die nur scheinbar die Ressourcen-Allokation effizient bewerkstelligt, oder trägt sie zur Wohlstandsmehrung bei? Ist es der abgöttische Glaube an die Segnungen der Finanzwelt, dass wir ihren Regeln folgen und die Finanz- und Kapitalmärkte bei guter Laune halten?

Mir persönlich will es überhaupt nicht einleuchten, dass die Finanz- und Kapitalmärkte eine immer größere Bedeutung in unserem Leben einnehmen sollen. Dabei ist diese Entwicklung in den USA und insbesondere in Großbritannien sehr viel weiter fortgeschritten als in Deutschland, aber der Trend geht auch hier in diese Richtung. Am Beispiel der Renten lässt sich die zunehmende Finanzialisierung des Lebens in Großbritannien anschaulich demonstrieren. Von der britischen staatlichen Rente kann man, salopp gesagt, weder leben noch sterben. Die maximale Bruttorente beträgt zurzeit 95,25 Pfund pro Woche, etwa 106 Euro. Wenn man älter als 80 Jahre ist, kommen noch einmal sagenhafte 25 Pence pro Woche hinzu. Darüber hinaus kann es zwar unter gewissen Umständen noch eine zusätzliche Rente gemäß des vergangenen durchschnittlichen Verdienstes geben, aber insgesamt betrug das durchschnittliche Einkommen eines Rentners, der auf die Staatsrente angewiesen war, im Jahr 2007 magere siebzehn Prozent seines früheren Einkommens, in der EU waren das durchschnittlich 57 Prozent. Wer in Großbritannien im Alter ausschließlich auf den Staat angewiesen ist, muss sich glücklich preisen, wenn er Kinder hat, die ihn finanziell unterstützen können.

Vor diesem Hintergrund sind Betriebsrenten viel weiter verbreitet als in Deutschland. Aber nur noch wenige privatwirtschaftliche Unternehmen gewähren eine vom Einkommen abhängige Rente, zum überwiegenden Teil wird ein bestimmter Prozentsatz des Einkommens pro Jahr vom Arbeitgeber in einen individuellen Rententopf eingezahlt, den der Arbeitnehmer erst im Rentenalter anzapfen darf und den er von einem externen Fondsmanager verwalten lassen muss; das Marktrisiko liegt also beim Arbeitnehmer. Die Renten- und Pensionsgesetzgebung in Großbritannien ist extrem kompliziert und bleibt jedem, der nicht Experte auf diesem Gebiet ist, beim besten Willen unverständlich. Also müssen Renten- und Pensionsberater her. Die gibt es in Heerscharen, und alle knöpfen dem Einzelnen Geld ab – ähnlich, wie es bei einer Anlageberatung der Fall ist. Die Finanzialisierung des Renten- und Pensionswesens in Großbritannien ist für den Einzelnen sehr zeitaufwendig, trotzdem teuer und mit erheblichen Finanzmarktrisiken verbunden. Eine gute Sache? Doch wohl nicht.

Ein anderes Beispiel sind die Kreditkarten. Da kamen bis etwa Mitte 2008 pro Woche mindestens zwei Angebote zusammen mit übrigen Reklamesendungen durch den Briefkasten. Alle forderten uns auf, Kreditkartenschulden zu machen. Das haben dann auch leider viele, besonders Jüngere, getan. Schulden auf Kreditkarten sind im Verhältnis zu einem Überziehungskredit teuer. Aber der Tag der Rechnungslegung konnte immer wieder aufgeschoben werden, denn es flatterten stets neue Angebote mit kostenlosen Umschuldungsofferten ins Haus (nach anderthalb Jahren der Ruhe hat dieser Werbeterror Anfang 2010 wieder angefangen, auch hier also ein Zurück zum »business as usual«). Der Tag der Rechnungslegung kann selbst bei einem billigen Ratenkauf aufgeschoben werden, die tatsächlichen Kreditkosten sind nicht auf den ersten Blick ersichtlich. Überall vermeintliche Schnäppchen, vermeintlich billiges Geld. Da werden viele, die es sich eigentlich nicht erlauben können, in Versuchung geführt. An den Zahltag denken sie nicht.

Kapitel X

Gefahren

Es ist noch zu früh, um mit einiger Sicherheit zu prognostizieren, welche mittel- und langfristigen Auswirkungen die Krise und die Rettungsmaßnahmen haben werden. Aber einige Klippen, die wir versuchen müssen zu umschiffen, zeichnen sich schon im Nebel ab. Sie reichen von der Politik über die Volkswirtschaft bis hin zum Finanzwesen und zu den Finanzmärkten selbst. Die Gefahr liegt darin, dass ein Zug in Bewegung gesetzt wurde beziehungsweise durch neue Regulierungen in Bewegung gesetzt wird, der nicht dort ankommt, wo er ankommen soll, sondern durch unbeabsichtigt falsche Weichenstellung auf eine Strecke gerät, an deren Ende die Schienen noch nicht verlegt sind.

Anhaltspunkte zur Neugestaltung des Finanzwesens sollten wir normalerweise bei denen suchen, die am unmittelbarsten betroffen sind, also bei den Bankern selbst. Aber wie der Einfluss hochrangiger Bankenvertreter in Beratungs- und Aufsichtsgremien zeigt, können wir keineswegs sicher sein, dass diese Leute den Interessenkonflikt, dem sie sich gegenübersehen, wenn sie nach dem Gemeinwohl gefragt werden, nicht auch in Zukunft in ihrem Sinne zu lösen versuchen. Selbst wenn es nicht bewusst geschieht: Wer sein ganzes Berufsleben in einer bestimmten Umgebung gearbeitet, gelebt und geatmet hat, wird nicht

der am besten Geeignete sein, das System umzukrempeln.
Sein Vorstellungsvermögen wird nicht reichen. Dem Rat
der Banker sollten wir deshalb mit Skepsis begegnen, denn
eines ist klar: Der Einfluss der schlagkräftigen und über-
zeugend formulierenden Banken- und Finanzmarktlobby
und die von ihr ausgehenden Gefahren können überhaupt
nicht überschätzt werden.

Gefahren und Probleme für das Finanzwesen

Die größte akute Gefahr, der wir uns gegenübersehen,
ist das Platzen der CDS-Blase (Credit Default Swaps), ein
aus der Vorkrisenzeit »geerbtes« Problem. Der CDS-Markt
hat in der Öffentlichkeit wegen seines esoterischen Cha-
rakters eher weniger Aufmerksamkeit erfahren. Ich hatte erwähnt, dass die CDS-Kontrakte »maßgeschneidert«
sind, also nicht an der Börse gehandelt werden. Dazu muss
man wissen, dass der Markt mit seinen ausstehenden Kon-
trakten in Billionenhöhe von nur einer guten Handvoll
Banken dominiert wird, die alle untereinander handeln
und spekulieren. Eine gigantische Blase, allerdings nebel-
verhangen, denn keiner weiß mit auch nur annähernder
Sicherheit, wie groß der Markt wirklich ist und welche
Gefahren in ihm lauern – immerhin hat er nur einen Tag
nach der Lehman-Pleite die amerikanische AIG in die Knie
gezwungen.

Die Aufsichtsbehörden haben sich seit Anfang 2009
verstärkt bemüht, diesen Markt »aufzuräumen«. Zunächst

hat man versucht, einen Teil der gegenläufigen Positionen aufzurechnen und zu eliminieren, um auf bestimmte Nettopositionen zu kommen. Das ist auch zu einem erheblichen Teil gelungen, der brutto ausstehende Betrag wird jetzt auf 27 Billionen Dollar geschätzt, 2007 waren das noch 60 Billionen. Zum Vergleich: Der Internationale Währungsfonds beziffert das Welt-BIP für das Jahr 2008 auf 60,9 Billionen Dollar, das der gesamten EU auf 18,4 Billionen Dollar, und das Deutschlands auf 3,7 Billionen. Diese Vergleichszahlen zeigen, um welch schier unvorstellbare Summen es sich hier handelt. Dabei ist der CDS-Markt nur ein kleiner Teil des gesamten »maßgeschneiderten« (OTC) Derivatemarktes. Die Bank für Internationalen Zahlungsausgleich schätzt diesen per Ende Juni 2009 auf 604,6 Billionen Dollar – ein Zehnfaches dessen, was die gesamte Welt in einem Jahr erwirtschaftet!

Jetzt sollen Clearing-Häuser für diese Kontrakte geschaffen und das Abrechnen soll über diese vorgeschrieben werden (ein Clearing-Haus steht als selbständiger Mittelsmann zwischen den Vertragspartnern und garantiert die Kontrakterfüllung, auch wenn eine der Kontraktparteien pleitegeht; das Marktrisiko der jeweiligen Verträge wird vom Clearing-Haus täglich berechnet, und die Vertragspartner müssen eine entsprechende teilweise Geldunterlegung stellen). Die Regelung soll aber nur künftige Kontrakte betreffen. Außerdem scheinen es die großen globalen Konzerne in der Realwirtschaft, die sich ebenfalls in erheblichem Maße der OTC-Derivate bedienen, durchgesetzt zu haben, auch weiterhin direkt, ohne ein zwischengeschaltetes Clearing-Haus, handeln zu können, weil

angeblich die Kosten der anfallenden geldlichen Teilunterlegung zu hoch seien. Die Blase im Nebel hat den Charakter einer Zeitbombe. Aufsichtsbehörden, Notenbanken
und jetzt wohl auch einige Politiker wissen das und befürchten, dass es zum Platzen kommt. Dann wären wir
höchstwahrscheinlich genau wieder da, wo wir im September 2008 schon einmal waren, aber die Konsequenzen
wären wahrscheinlich noch viel gravierender.

Die CDS-Blase hatte sich schon vor der Krise entwickelt. Andere Gefahren könnten durch die neuen Regulierungsvorschriften entstehen. In den USA sind 2009 eine
Reihe von Banken aus der zweiten und dritten Reihe plei-
tegegangen. In Europa (noch) nicht. Was ist mit den Banken, die eigentlich nicht mehr überlebensfähig sind, aber
nicht pleitegehen, weil sie von dem billigen Geld der Notenbanken und von staatlichen Maßnahmen künstlich am
Leben erhalten werden? Seit dem Platzen der gigantischen
japanischen Immobilienblase Ende der achtziger Jahre und
den geldpolitischen Maßnahmen der japanischen Notenbank spricht man von den Zombiebanken. Sie gefährden
den gesamten Sektor, verhindern eine gesunde Restrukturierung und kosten viel Geld. Ihr endgültiger Tod wird nur
aufgeschoben, und wenn er dann eintritt, ist er häufig noch
schmerzlicher und kostspieliger für die Allgemeinheit, als
es eine rechtzeitige Abwicklung gewesen wäre. Manche
Kritiker sprechen von der Citibank als größtem Zombie
aller Zeiten. Aber man braucht gar nicht in die Ferne zu
schweifen, auch unter den Landesbanken gibt es hervorragende Kandidaten. Beinahe alle haben sich verspekuliert,
beinahe alle wollten am großen Reibach teilhaben; insge-

samt steht der deutsche Steuerzahler bei ihnen mit etwa 170 Milliarden Euro im Obligo.

Zombieunternehmen kann es auch in der Realwirtschaft geben. So haben wir zum Beispiel insbesondere in den USA, aber auch in Europa und Deutschland die Bemühungen der Politik gesehen, notwendige Strukturveränderungen im Autosektor zu verhindern. Solche Veränderungen kosten Arbeitsplätze und sind für die Betroffenen sehr schmerzlich; die Politiker wollen das, nicht zuletzt aus wahltaktischen Erwägungen, verhindern. Dennoch ist unumstritten, dass es weltweit zu hohe Kapazitäten im Autobau gibt. Auf die Dauer werden hier viele Tausende Jobs verlorengehen, das können die Regierungen auch mit Milliardenhilfen nicht verhindern.

Zombiebanken sind ein Problem, zu vitale Banken ein anderes. Ich habe von den Profiteuren der Krise gesprochen, denen durch Zukäufe und eine geringere Anzahl von Mitwettbewerbern zusätzliche Wettbewerbsvorteile entstanden und die jetzt erst recht »too big to fail« sind. Aus dieser Richtung drohen neue Gefahren, die Konsolidierung im Bankensektor könnte eine besorgniserregende Dimension annehmen. Die Regierungen wollen (teil)verstaatlichte Banken wieder abstoßen, die EU-Kommission drängt auf Abspaltungen bei Allfinanzinstituten, geschwächte Institute müssen Sparten abstoßen, um zu gesunden, die Profiteure fahren wieder satte Gewinne ein. Es besteht die Gefahr, dass eine neue Klasse von Superbanken entsteht: unregierbar, unbeherrschbar und mit dem Unternehmensmotto Moral Hazard auf dem Türschild.

Eine andere Gefahr liegt in der Konzentration der

Restrukturierungsmaßnahmen auf den direkten Bankensektor. Statt auch an andere wichtige Marktteilnehmer zu
denken, kümmert man sich fast ausschließlich um die klassischen Geschäftsbanken. Es wäre eine grobe Nachlässig-
keit, wenn etwa auf dem Sektor der Ratingagenturen zu
wenig geschähe. Anlageentscheidungen dürfen nicht wie
bisher (beinahe) nur vom Urteil dreier Ratingagenturen
abhängen.

Neue Regulierungsvorschriften sind zwingend geboten,
aber natürlich droht auch die Gefahr der Überregulierung.
Das könnte zu zusätzlicher Bürokratisierung führen, zum
Ausfüllen viel zu vieler Fragebogen, zum Erstellen viel zu
vieler Statistiken und Dateien, die keinen anderen Nutzen
haben als den der Alibifunktion für die Aufsichtsbehörden. Ich will hier keine Lanze für die Banken brechen, die
alle vor Überregulierung warnen, aber die Gefahr liegt auf
der Hand. Man denke nur an die aufgeblähten Com-
pliance-Abteilungen bei den Banken, die im Zuge neuer
Geldwäschegesetze entstanden sind. Selbst der kleine
Bankkunde sieht sich häufig bürokratischen Hürden gegenüber. Regulierung schafft Bürokratie, und Bürokratie
hat den Drang, sich zu vergrößern, sich immer neue Aufgaben zu schaffen, sich aufzublähen und mächtiger zu
werden. Sie steht aber nicht im Ruf, besonders effizient zu
sein.

Im Zuge der Krise ist auch der Verbraucherschutz stärker in den Vordergrund gerückt. Aber zu viel Verbraucherschutz kann ebenfalls zu Bürokratie führen – und zur
Bevormundung. Banken haben in der Vergangenheit fall-
weise sehr lax beraten, haben ihre eigenen Produkte in den

Vordergrund gestellt, haben die Risiken nicht immer klar genug betont, all das darf nicht wieder passieren. Doch wir sind alle mündige Bürger. Wenn wir eine hohe Rendite für unsere Anlage erzielen wollen, dann wissen wir, dass wir auch ein höheres Risiko eingehen müssen. Schon jetzt müssen bei einer Bankberatung häufig seitenlange Risikowarnungen über bestimmte Produkte unterschrieben werden. Im Zweifel liest das kein Mensch. Sollen die Warnungen noch umfangreicher werden, oder will man umgekehrt das Angebot einschränken, indem man bestimmte Finanzprodukte für den normalen Privatkunden schlichtweg verbietet? Ich persönlich meine, Menschen, die sich um die Rendite ihrer Geldanlage Gedanken machen, sind dem Kindergartenalter deutlich entwachsen. Deshalb sollte der Staat sie dort nicht wieder hinbefördern wollen. Der beste Verbraucherschutz liegt in guter Beratung, und die bekommt man von bankunabhängigen, neutralen Beratern, die einem über das ganze Produktspektrum hinweg die Risiken und die Renditemöglichkeiten aufzeigen und anschließend ein auf die persönlichen Bedürfnisse und Verhältnisse zugeschnittenes Konzept vorlegen. Neutrale Berater müssen allerdings bezahlt werden, das wird die Rendite des Kunden etwas schmälern, aber es würde ja auch keinem einfallen, zum Beispiel beim Hausbau den Architekten oder bei einer Scheidung den Anwalt nicht zu bezahlen. Professioneller Rat kostet Geld, das sollte sich auch bei der Anlageberatung durchsetzen; umsonst gibt es nichts.

In diesem Zusammenhang muss auf die Gefahr der Entstehung einer besonderen Form von Moral Hazard hingewiesen werden. Man nimmt mit, was man bekommen kann, und wenn es nicht mehr so gut läuft, zieht man vor Gericht. Viele von denen, die auf hohe Rendite gesetzt haben, verklagen jetzt ihre Bank wegen mangelnder Beratung. Man hat von Gerichtsverfahren in den USA gehört, wo Raucher mit Lungenkrebs die Zigarettenindustrie wegen mangelnder Aufklärung verklagen, weil sie angeblich nicht wussten, dass Rauchen schädlich ist, oder von Verfahren gegen McDonald's, in denen Fettleibige auftreten, denen angeblich nicht nahe genug gebracht wurde, dass der tägliche Verzehr von Hamburgern nicht wirklich schlank macht. Es wäre zu bedauern, wenn diese in den USA ausgeprägte Klagekultur auch auf Europa übergreifen würde. Kurzum, der Verbraucherschutz sollte uns nicht von der eigentlichen Aufgabe ablenken: einer besseren systemischen Regulierung des Finanzwesens.

Die beste und ausgewogenste neue Regulierung wird aber nichts nützen, wenn sich die Politiker und Aufsichtsbehörden nicht auf internationaler Ebene aufs engste abstimmen und kooperieren. Stichwort: Regulierungsarbitrage. Eine bisher schon immer gern angewandte Methode im Finanzwesen und in der Realwirtschaft, um Aufsicht und Steuern zu minimieren. Es ist kein Zufall, dass Hedgefonds vornehmlich in obskuren Steueroasen niedergelassen sind, wo sie keiner behördlichen Aufsicht unterstehen, oder dass Banken auf denselben paradiesischen Inseln Tochtergesellschaften und Zweckgesellschaften unterhalten. Regulierungsarbitrage werden wir auch in Zukunft nicht völlig unterbinden können, aber zumindest Amerikaner und Europäer sollten in dieser Frage gleichziehen.

Man sollte den Banken die Einladung zur Umgehung von Vorschriften nicht noch auf dem silbernen Tablett servieren.

Gefahren für die Geldpolitik und die Volkswirtschaft, neue Blasen

Eine nie da gewesene Geldschwemme auf der einen, riesige Haushaltsdefizite auf der anderen Seite: Wie passt das zusammen? Die Inflationsgefahren sind beinahe mit Händen zu greifen, auch wenn die Notenbanken allerorten beruhigende Worte finden. Es bleibt ihnen gar keine andere Wahl. Wenn auch noch das Vertrauen in die Notenbanken schwindet, können wir alle dichtmachen, der Letzte knipst das Licht aus. Die Notenbanken wissen genau, dass sie eine unerhört schwierige Gratwanderung vollziehen – ein Fehlschritt, und das Desaster ist da. Sobald wie möglich wollen sie zu einer normalen Geldpolitik zurückkehren, das heißt, die Zinsen auf ein Normalmaß heraufsetzen und vor allem ihre durch die Rettungsfazilitäten aufgeblähten Bilanzen zurückfahren.

Aber da sind die Finanzminister mit ihren neuen Schuldenbergen und laufender Neubegebung von Staatsanleihen. Nirgendwo auf der Welt ist für die Regierungen haushalterisch noch viel Spielraum. Auf der einen Seite sind der Zins- und Schuldendienst und die Kosten für die Sozialleistungen angeschwollen, auf der anderen das Steueraufkommen durch die Rezession weggebrochen. Da käme es ihnen zupass, wenn die Inflation ihre Schulden realiter vermindern würde. Sie würden wohl nichts dagegen haben, wenn wir mit Inflationsraten von vier bis sechs Prozent auf mittlere Sicht werden leben müssen – eher vier Prozent in Europa, eher sechs Prozent in den USA. Insbesondere in den USA wird es Druck auf die Fed geben. Die Fed ist politisch weniger unabhängig als die EZB, und es ist in der Vergangenheit klargeworden, dass sie weniger inflationssensibel ist. Die Fed hat allerdings anders als die EZB auch ein Doppelmandat: Sie soll nicht nur für Preisstabilität, sondern auch für hohe Beschäftigung sorgen.

Doch auch die EZB hat sich im Laufe der Jahre vom konservativen Bundesbankklon zu einer Institution gewandelt, die sehr wohl konjunkturelle Gegebenheiten und die Situation auf dem Arbeitsmarkt ins Kalkül zieht (und das soll laut Satzung auch ihre sekundäre Zielsetzung sein). Würde sie politischem Druck standhalten? Und wenn die Fed eine lockerere Politik als die EZB betriebe, würde das den Euro (noch) teurer werden lassen. Der ist aber ein wesentlicher Faktor des wirtschaftlichen Wohlbefindens der Eurozone, ganz zu schweigen von den Notwendigkeiten der Exportnation Deutschland. Würde die EZB auf Dauer einen die Konjunktur abwürgenden Euro tolerieren? Doch wohl zu Recht nicht. Also muss das Hauptaugenmerk auf der Geldpolitik der Fed liegen, dort wird wesentlich bestimmt, mit welchen Inflationsraten der Rest der (westlichen) Welt wird leben müssen.

Auch von den Haushaltsdefiziten selbst drohen Inflationsgefahren. Da kommt eine Flut von neuen Staatsanleihen auf den Markt. Die Nachfrage nach Kapital nimmt zu, das erhöht den Preis, also die Kapitalmarktzinsen. Höhere Zinsen belasten die Unternehmen, die diese Kosten über den Preis abzuwälzen versuchen, eine Inflationsspirale kann entstehen. Oder die Marktteilnehmer nehmen es den Politikern nicht mehr ab, dass sie wieder zu einer sparsamen Haushaltspolitik zurückkehren wollen. Sie wenden sich von den entsprechenden Staatsanleihen und Währungen ab, die Kapitalmarktzinsen steigen, die Regierungen nehmen noch mehr Schulden auf, um die Staatsverschuldung bedienen zu können. Importierte und hausgemachte Inflation drohen.

Solange das Quantitative Easing der Notenbanken die Kapitalmarktzinsen künstlich niedrig hält, gibt es ein Gegengewicht, aber wenn die Notenbanken das zurückfahren oder ganz damit aufhören, werden die Bondmärkte anders aussehen, Renditen und Zinsen werden steigen. Ansätze für die gebotene Rückführung der Haushaltsdefizite kann man nicht wirklich erkennen. In den USA soll das große Gesundheitsprogramm aufgelegt werden, und Präsident Obama will weitere Milliarden an Konjunkturhilfe in die Wirtschaft pumpen, in Großbritannien sind staatliche Sparmaßnahmen auf das Jahr 2011, also auf die Zeit nach den Parlamentswahlen, verschoben worden, in Deutschland scheint die Regierung sogar auf Steuersenkungen setzen zu wollen in der Hoffnung, über das erhoffte Wachstum mehr Steuern hereinzubekommen. Das könnte sich als Wunschdenken erweisen.

Inflationswolken ziehen sich zusammen, es besteht die Gefahr eines Gewitters.

Wachstum ist das, worauf jede Regierung setzt, denn die politische Priorität müssen Neubeschäftigung und der Abbau der Arbeitslosigkeit sein. Also wird die Politik die Notenbanken mehr oder minder öffentlich drängen, weiterhin eine lockere Geldpolitik zu betreiben, die Zinsen nicht zu schnell anzuheben, das viele Geld weiterhin bei den Banken und in der Volkswirtschaft zu belassen. So haben die USA die schärfste Rezession seit 70 Jahren hinter sich gelassen, aber die Arbeitslosenrate liegt mit zehn Prozent immer noch extrem hoch. 2010 finden die nächsten Kongresswahlen statt. Der Präsident steht unter politischem Druck und wird diesen an die Fed weitergeben. Selbst wenn das nicht zur Inflation bei den Konsumentenpreisen führt, können sich neue Blasen bilden, und Blasen auf den Finanzmärkten haben globalen Charakter. Irgendwo muss das viele Geld ja hin, und wenn die Banken zum »business as usual« übergehen, stecken sie das Geld in die Finanzmärkte, da, wo man mehr Rendite und hohe Kapitalgewinne erwirtschaften kann – mit höherem Risiko. Wenn die Notenbanken ihre extrem lockere Geldpolitik nicht bald auf ein Normalmaß zurückfahren, sind neue große Blasen zu erwarten.

Die schleichende Gefahr der Politisierung der Notenbanken ist offensichtlich. Der Glaube, dass politisch unabhängige Notenbanken alles Übel abwehren können, hat sich zwar als falsch erwiesen, die Notenbanker haben sich eben auch nur als Menschen, die Fehler machen, erwiesen, aber ein Zurück in die alten Zeiten, als die Geldpolitik in der Hand der jeweiligen Regierungen lag, würde uns mit Sicherheit nicht besser dastehen lassen. Dies wäre ein Rezept für wilde Konjunkturschwankungen und sporadisch wiederkehrende hohe Inflationsraten.

Ganz abgesehen von den Inflationsgefahren durch die hohe Staatsverschuldung können hier auch andere Gefahren für die Realwirtschaft lauern: dass der Staat die Kapitalnachfrage bestimmt und so die Privatwirtschaft verdrängt. Das hätte negative Konsequenzen für Neuinvestitionen – Kapital wird durch die Staatsnachfrage zu teuer – und damit für das Wachstum der Volkswirtschaft inklusive der Beschäftigung.

Die Krise hat hoffentlich auch den bis dato Gläubigen gezeigt, dass das extrem kurzfristige Denken mit der Fokussierung auf den Shareholder-Value sich als schädlich herausgestellt hat. Nicht nur im Bankenwesen ist das negativ, sondern auch in der Realwirtschaft. Auch hier werden die Manager offensichtlich von kurzfristigen Aktienkursentwicklungen und kapitalmarktgeprägten Analysten getrieben, ihr Zeithorizont scheint vielfach nicht über das nächste Vierteljahr hinauszugehen. Hierin liegt eine große Gefahr. Nachhaltige Geschäftsmodelle, ob in der Finanz- oder in der Realwirtschaft, müssen sich wieder an langfristigen Zielsetzungen orientieren und dafür kurzfristige Kursschwankungen in Kauf nehmen. Wenn die Entwicklung der letzten Jahre nicht zurückgedrängt wird, werden die kurzfristigen Finanzmarktschwankungen die Investitionsentscheidungen in der Realwirtschaft noch mehr beeinflussen, wird das Finanzwesen eine noch größere Bedeutung erhalten, die Finanzialisierung weiter fortschreiten.

Politische Gefahren

Der Hass auf die Banken und die Bitterkeit, mit der die Rettungsmaßnahmen zur Kenntnis genommen werden, während gleichzeitig der eigene Job wegfällt, sind weit verbreitet. Da ist etwas passiert, was unser aller Sinn für Fairness verletzt. Dem Finanzlaien leuchtet es nicht unbedingt ein, dass den Vertretern des Kapitalismus mit so viel Geld aus der Katastrophe geholfen werden musste und der »kleine Mann« der Leidtragende ist. Die Gefahr des Abgleitens der politischen Meinung breiter Schichten ist offensichtlich, Politikverdrossenheit und Populismus greifen weiter um sich. Der ganz große Linksruck, der im Winter 2008 von vielen befürchtet – und von manchen erhofft – wurde, hat sich allerdings (noch) nicht bemerkbar gemacht. Ganz im Gegenteil: In Deutschland war die SPD der große Verlierer, die FDP der große Gewinner der Wahl; in Großbritannien scheint sich die Regentschaft der Labour-Regierung ihrem Ende zuzuwenden; in Frankreich hat Präsident Sarkozy zwar an Popularität eingebüßt, aber die Sozialisten sind fern jeder realistischen Hoffnung auf einen Sieg bei der nächsten Wahl; in den USA regiert ein Demokrat. Doch sollten sich die neuen Vorschriften als zu zahm herausstellen und sollten sich einige der Topbanker weiterhin öffentlich als privilegierte Klasse von Supermenschen gebärden, dann könnte unsere marktwirtschaftliche Ordnung in Frage gestellt werden.

Im März 2009 wurden dem ehemaligen Chef der Royal Bank of Scotland, Fred Goodwin, die Fensterscheiben seines Hauses eingeschlagen, die öffentliche Wut über seine

Abfindung und seine Pensionsansprüche hatte das Fass zum Überlaufen gebracht. Goodwin hatte im Zuge der RBS-Rettung durch die Regierung im Herbst 2008 gehen müssen. Seine Pension beträgt etwa 700 000 Pfund (ungefähr 780 000 Euro) pro Jahr, bei seinem Ausscheiden war er 50 Jahre alt. Er ist in Großbritannien zum Symbol des hässlichen Bankers geworden.

Das angelsächsische Modell der freien Marktwirtschaft, der liberalen Märkte, der Deregulierung und Privatisierung, ist in schweren Misskredit geraten. Der diesem Modell eigene Wachstumsfetisch wird für die Krise verantwortlich gemacht, die Verfechter der freien Marktwirtschaft sind unglaubwürdig geworden. Die »Retter« in der Krise waren die Regierungen, die an allen Ecken und Enden den Flächenbrand löschten. *Mehr* Staat – nicht wie vorher weniger Staat – lautete das Motto. Die Geschwindigkeit, mit der in den beiden Zentren des angelsächsischen Modells, den USA und Großbritannien, Finanzdienstleister und andere Unternehmen verstaatlicht wurden, und die Volumina an staatlicher Hilfe und Notenbankhilfe, die beide Regierungen in ihre jeweiligen Volkswirtschaften pumpten, waren – und sind – atemberaubend: Mir scheint, beide Regierungen haben in ihrer Panik das Augenmaß verloren.

Wenn wir weiterhin auf diesem Weg gehen, könnte das zu einer politischen Richtungsänderung führen, zu einem weiteren Vordringen des Staates zu Lasten der Privatwirtschaft. Bürokratie, Bevormundung und nachhaltig vermindertes Wachstum könnten dann vorprogrammiert sein. Einige schon jetzt absehbare Folgen sind zunehmender

Protektionismus und der Versuch, die Globalisierung zurückzudrängen. Als Grund wird der Erhalt oder die Neuschaffung von Arbeitsplätzen genannt.

Die gesamte westliche Welt, insbesondere Amerika, ist durch diese Krise nicht nur wirtschaftlich, sondern auch politisch geschwächt worden. In den USA sind weite Teile des Finanzwesens und der Autoindustrie verstaatlicht oder teilverstaatlicht, das Haushaltsdefizit ist gigantisch, die Arbeitslosigkeit so hoch wie seit zweieinhalb Jahrzehnten nicht mehr. Präsident Obama wird einen großen Teil seines politischen Kapitals in die Innenpolitik investieren müssen, die strategische Bedeutung der USA als Weltmacht wird sich weiter verringern. Der große geopolitische Gewinner der Krise ist China. Die Chinesen haben zwar auch unter der Weltrezession gelitten, aber lange nicht so stark wie der Westen; es gibt dort bereits wieder deutliche Überhitzungserscheinungen. Das chinesische Wirtschaftsmodell der gelenkten Marktwirtschaft hat sich als sehr widerstandsfähig erwiesen, eine Tatsache, die in anderen Schwellenländern sehr genau registriert wird und sie jedenfalls nicht zur Nachahmung des angelsächsischen Modells ermutigt. Wir müssen mit der Wiedereinführung von Kapitalverkehrskontrollen beziehungsweise mit der weiteren Verzögerung der Freigabe des Kapitalverkehrs rechnen.

Es gibt innerhalb und außerhalb der USA viele Stimmen, die der chinesischen Wechselkurspolitik, nämlich der Koppelung des Yuan an den Dollar, eine ganz wesentliche Schuld an der Finanzkrise zuschreiben. Auf diese Weise hätten sich die Chinesen ihre Exportwettbewerbsfähigkeit erhalten und damit wesentlich zur globalen Ungleichgewichtigkeit beigetragen. An der Verschiebung der strategischen Machtzentren von Amerika nach Asien werden solche Stimmen nichts ändern. Im Übrigen muss dazu klipp und klar festgestellt werden, dass die Chinesen niemanden zu Subprime-Hypotheken gezwungen haben, noch haben sie sich giftige Derivate ausgedacht, noch haben die chinesischen Banken übermäßig in diese Derivate investiert. Mit dem Finger auf die chinesische Wechselkurspolitik zu zeigen, lenkt von den eigenen Fehlern ab. Es ist aber auch ein Zeichen dafür, dass die US-Regierung schon bald massiven Forderungen nach einem verstärkten Protektionismus ausgesetzt sein dürfte.

Aber auch in Europa könnten sich Veränderungen anbahnen, die das politische und gesetzliche Gefüge in der EU und in der Eurozone in Mitleidenschaft ziehen. Da ist zum einen der Gemeinsame Markt, der für die Bevölkerung der Europäischen Union eine erhebliche Wohlfahrtssteigerung gebracht hat. Was die nötige Neuordnung des Bankwesens angeht, scheinen sich die Politiker aber eher wieder auf nationale Lösungsansätze zu besinnen. Das wäre ein Rückschritt. Zum zweiten ist der Stabilitäts- und Wachstumspakt zurzeit praktisch ungültig, die Vorschriften zur Defizit- und Schuldenbegrenzung der EU-Staaten können aufgrund der prekären Haushaltslage sämtlicher Mitglieder nicht eingehalten werden. Die EU-Kommission prognostiziert, dass die Staatsverschuldung in der EU bis zum Jahre 2014 etwa 100 Prozent des BIP erreichen und noch weiter ansteigen wird – nach einem Stand von 66 Prozent im Jahre 2007. Der Stabilitäts- und Wachstumspakt gibt eine Grenze von 60 Prozent vor. Fragt sich, wie lange dieser Zustand andauern wird. Wann wird die EU-Kommission ihren Mitgliedern wieder wirklich einforderbare Auflagen zur Einhaltung des Paktes machen können? Werden die Staaten und die Kommission den politischen Willen dazu haben? Unsere Gemeinschaftswährung, der Euro, wird nur dann weiterhin eine Erfolgsgeschichte bleiben, wenn sich die beteiligten Länder unter beständigem Druck sehen, verantwortliche Fiskalpolitik zu betreiben. Wird eine solche Politik missachtet, könnte sich der strukturelle Mangel der Währungsunion, dass sie nämlich nicht gleichzeitig auch eine politische und eine fiskalische Union ist, bald als äußerst problematisch erweisen.

Nachwort

Dreißig Jahre habe ich in der City gearbeitet, davon zwanzig als Bankerin und zehn als Finanzjournalistin. Es ist offensichtlich, dass ich der City und der Finanzbranche kritisch gegenüberstehe. Da mag sich der eine oder andere Leser fragen: Warum hat sie so lange ausgehalten, warum ist sie nicht abgesprungen, warum wechselte sie nicht in einen anderen Beruf? Für mich hat sich diese Frage nie gestellt. Vielleicht, weil ich im Lauf der Jahre drei völlig unterschiedliche Karrieren hatte: erst als Leiterin einer Abteilung für Strukturierte Kredite und Großkreditvergabe, dann als Politische Analystin, zuletzt als Fernsehmoderatorin. Jede dieser Karrieren stellte mich vor neue Herausforderungen.

Seit dem Studium hatte ich im Bankwesen arbeiten wollen. Das Thema meiner Dissertation waren Kapitalverkehrskontrollen und Wechselkurse. Das fand ich sehr spannend (finde ich eigentlich noch immer), und die Arbeit hat mir bestätigt, welche Macht die Banken ausüben – allerdings auch, wie behende sie Schlupflöcher finden, um etwaige Regulierungen zu umgehen. Banken als Machtzentrum in der Wirtschaft, das fand ich aufregend, da wollte ich tätig sein. Ich finde die Themen Wirtschaft, Finanzen und Bankwesen immer noch aufregend: nicht unbedingt das tägliche Auf und Ab der Finanzmärkte, sondern die Frage, wie

längerfristige Entwicklungen und Strömungen die strategische Bedeutung von Volkswirtschaften und deren Politik beeinflussen können. Und dann die immense Bedeutung, die eine gelungene Wirtschafts- und Finanzpolitik
für den Wohlstand und das Wohlbefinden der Bevölkerung
haben.

Ich suchte nach einem Beruf mit praktischem Bezug, ich
wollte dabei sein, akademisches Arbeiten erschien mir zu
weltfremd, zu weit weg. Die Arbeit in der Londoner City
schien meinen Berufswünschen entgegenzukommen. Und
immer, wenn sich Langeweile ankündigte, kam etwas Neues. Außerdem aber – und das will ich ganz deutlich sagen –
gab und gibt es sehr viele nette und interessante Menschen
in der City. Menschen, die mir als Kollegen, Bekannte oder
Freunde nahestanden und -stehen und denen ich dankbar
bin, dass sie mein Berufsleben so interessant und letztlich
erfreulich gemacht haben. Diese Menschen haben mit den
Leuten, über die sich unser Zorn ergießt, nichts oder jedenfalls nur sehr wenig gemein.

Das Arbeiten im Bankwesen hat sich während meiner
Zeit in der City sehr verändert. Es ist härter, aggressiver
und egoistischer geworden. Das Verständnis, Dienstleister
für die Realwirtschaft zu sein, hat sich verflüchtigt; es ist
der Einstellung gewichen, Banken arbeiteten vor allem für
sich selbst und für ihre eigene Branche. Es wäre schön,
wenn das Bewusstsein, Dienstleister für das Wirtschaften
anderer zu sein, wieder Einzug hielte. Es wäre auch schön,
wenn die derzeitige Debatte, wie die Krise überwunden
werden kann und welche Maßnahmen zu ergreifen sind,
um eine neuerliche Krise dieser Art zu vermeiden, abgewo-

gen, ohne Emotionen und populistische Vereinfachungen und ohne Klienteldenken, geführt würde.

Aber Skepsis ist angebracht. Kann der Finanzialisierung Einhalt geboten werden? Wenn das nicht gelingt oder vielleicht auch gar nicht gewünscht wird, dann werden die Finanzwelt und die Finanzmärkte weiterhin auf dem Vormarsch bleiben. Dann werden die großen Finanzinstitute und die dort Beschäftigten noch mehr als bisher die Realwirtschaft und die privaten Haushalte in ihren Entscheidungen beeinflussen. Wird man diesen Trend bändigen, ihm die gewünschte Richtung geben können?

Wird man die schon jetzt hochspezialisierten Berufe in der Finanzwelt in Zukunft besser begreifen können, oder wird es aufgrund der Spezialisierung nicht doch ein Club der Eingeweihten bleiben? Werden Aufsichtsbehörden und Politiker mitziehen können, oder werden sie strukturelle Probleme vor sich herschieben, weil sie entweder nicht erkannt werden oder ihre Beseitigung politisch zu schwierig erscheint? Oder wird das Pendel zu weit in die andere Richtung zurückschlagen? Könnte es zu gravierenden Einschnitten in die uns gewohnten Entscheidungsfreiheiten kommen, zu Bevormundung durch den Staat und seine Bürokratie? Könnten langfristige Wohlstandseinbußen sowohl materieller als auch immaterieller Art die Konsequenz sein?

Fragen über Fragen. Die Debatte ist im Fluss, wir müssen von allen Beteiligten Augenmaß und Courage einfordern.

Nachtrag
zur Taschenbuchausgabe

Vor einem Jahr habe ich das Manuskript dieses Buches abgeschlossen. Ich war nicht besonders zuversichtlich, was die Entwicklung des Banken- und Finanzwesens betraf. Zu viele Gründe standen einer substanziellen Neuregulierung im Wege, mit der das Risiko einer neuerlichen Krise hätte minimiert werden können. Die Indifferenz, Arroganz und Amoral der globalen Banker schien zementiert; zu sehr schienen die Politiker ihrem jeweiligen nationalen politischen Interesse verhaftet, zu schnell schien der konjunkturelle Aufschwung – jedenfalls in Deutschland – wieder in Gang zu kommen. Seither bin ich nicht optimistischer geworden. Einige der Gefahren, die ich vor einem Jahr beschrieb, sind inzwischen Realität geworden, bei anderen wird die Zukunft zeigen, ob sie eintreten werden.

Deutschland beschert zurzeit ein »Wirtschaftswunder« hervorragende Wachstumsraten und eine erstaunlich gute Beschäftigungslage.

Die Gruppe der globalen Banker ist zum »business as usual« zurückgekehrt; auch ihnen geht es gut, wenngleich noch nicht wieder ganz so gut wie vor der Krise.

Alle Übrigen leiden weiter unter den negativen Folgen der Finanzkrise: anämisches Wachstum, Arbeitslosigkeit, Leistungskürzungen des Staates, Nachbeben auf den Fi-

nanzmärkten und eine immense Geldflut, ausgelöst durch
die großen Notenbanken und ihre nicht enden wollenden
Rettungsaktionen.

Vor allem in den Vereinigten Staaten sieht es wirtschafts-
und fiskalpolitisch besorgniserregend aus. Ein schwacher
Präsident hat es dort mit einer teilweise aggressiv populis-
tischen Opposition zu tun, die eine Zusammenarbeit unwahrscheinlich erscheinen lässt, um das ausufernde amerikanische Haushaltsdefizit auf ein Normalmaß zurückzuführen. Auf der anderen Seite ist das Wachstum nicht stark
genug, die Beschäftigung zu beleben; die Arbeitslosigkeit ist
mit reichlich neun Prozent immer noch inakzeptabel hoch,
und der Immobilienmarkt ist weiterhin stark geschwächt.
Diese Situation hat die amerikanische Notenbank dazu veranlasst, ihre Gelddruckmaschinen weiterhin auf Hochtou-
ren laufen zu lassen. Damit will sie die Konjunktur ankurbeln. Es herrscht also geld- und fiskalpolitisch eine gefährliche Kombination von hoher staatlicher Neuverschuldung
und notenbanklicher Geldschaffung aus dem Nichts.

In Europa bemühen sich wohl alle Regierungen mehr
oder minder glaubwürdig, ihren Staatshaushalt in Ordnung zu bringen. Das gilt nicht nur für die südeuropäi-
schen Staaten und Irland, sondern zum Beispiel auch
für Großbritannien und Deutschland. Die Europäische
Zentralbank (EZB) greift zwar durch Anleihekäufe in den
Markt ein und stellt den Banken immer noch großzügig
Liquidität zur Verfügung, entzieht dem Geldkreislauf auf
der anderen Seite aber wieder einen Teil dieses Geldes und
versucht so, die Geldmenge nicht noch weiter anwachsen
zu lassen.

Man spricht in diesem Zusammenhang von der »Euro-Krise«. Genau genommen müsste sie »Europäische Bankenkrise II« heißen, denn es handelte sich ursprünglich nicht um eine Währungs- oder Schulden-, sondern um eine Bankenkrise. Der Euro war während der gesamten Krisenzeit nach allen Schätzungen und Berechnungen immer noch überbewertet, selbst auf dem Höhepunkt der Krise mussten knapp 1,20 Dollar für den Euro bezahlt werden, etwa die Hälfte mehr als am Tiefpunkt des Euro im Oktober 2000, als er nur 82 amerikanische Cent wert war (seinen Höchststand erreichte der Euro auf dem Höhepunkt der Finanzkrise im Oktober 2008 mit 1,60 Dollar). Von einer Weichwährung kann also überhaupt keine Rede sein.

Nein, die Euro-Krise ist im Kern eine europäische Bankenkrise. Nur Griechenland war eine Ausnahme. Hier ging eine unverantwortliche Haushaltspolitik mit einer haarsträubenden »Verschönerung« der Statistiken einher. Hätte es vorher nicht die große Finanzkrise gegeben, wäre Griechenland höchstwahrscheinlich ein Einzelfall geblieben. Man hätte einen Rettungsschirm aufgespannt und die bei der EU-Kommission angesiedelte europäische Statistikbehörde ordentlich abgemahnt, da sie die Täuschung nicht früher bemerkt und Alarm geschlagen hatte. Doch im Frühjahr 2010 sah die Lage anders aus: Den Marktteilnehmern wurde plötzlich bewusst, dass durch die gewaltigen Rettungsaktionen zur Bewältigung der Finanzkrise Risiken und Verbindlichkeiten von den Banken zu den Staatshaushalten verlagert worden waren. Bei einigen dieser Staaten wurde und wird es für fraglich gehalten, ob sie diese Verbindlichkeiten auf mittlere Sicht werden schultern können. Die Situation in Irland ist ein Paradebeispiel dafür. Die irische Regierung hatte durch eine Staatsgarantie sämtliche Gläubiger ihres völlig aufgeblähten und hochspekulativ handelnden Finanzwesens vom Verlustrisiko befreit und sich damit spektakulär überhoben. So kam es, von Griechenland ausgehend, zu einer gegenseitigen Infizierung, und die europäische Bankenkrise II mutierte zur europäischen (Staats-)Schuldenkrise.

Eines sollte hier aber festgehalten werden: Es waren nicht die vielgeschmähten Spekulanten, die die Ansteckung hervorgerufen haben. Nein, es waren zum allergrößten Teil die sogenannten »Real Money Investors«, die großen Versicherungsgesellschaften und Investmentfonds, wie zum Beispiel die deutsche Allianz oder die französische AXA. Diejenigen Großinvestoren also, denen Millionen von Bürgern ihr Geld für die Altersvorsorge anvertrauen. Diese Institute sind gehalten, vorsichtig zu agieren und sich bei (tatsächlicher oder vermeintlicher) Gefahr von bestimmten Vermögensanlagen zu trennen.

Und ein Zweites gehört hierher: Die Eurozone hatte von Anfang an einen schweren Geburtsfehler. Es gibt *eine* Notenbank und *eine* Geldpolitik – aber (seit 1. Januar 2011) siebzehn nationale Staatshaushalte, welche von siebzehn nationalen und souveränen Parlamenten beschlossen werden. Es gibt keinen Budgetransfer (wie etwa beim deutschen Länderfinanzausgleich), im Gegenteil, der ist sogar ausdrücklich verboten. Dieser Strukturfehler war vor der Einführung des Euro klar erkannt worden, und deshalb wurde, um fiskalische Rechtschaffenheit zu gewährleisten, der Sta-

bilitäts- und Wachstumspakt beschlossen, der eine Ober-
grenze des Haushaltsdefizites von drei und der Staatsverschuldung von 60 Prozent des Bruttoinlandsprodukts fest-
schreibt. Aufgeweicht wurde der Pakt nicht zuletzt durch
die Überschreitung dieser Grenzen durch die beiden größten Eurostaaten, Deutschland und Frankreich. So etwas
geht nur so lange gut, wie alle Marktteilnehmer an das Kon-
strukt glauben und etwaige Strukturmängel unter den Tep-
pich kehren. Erst durch Griechenland geriet das Problem in
den Fokus. Die Politik wird dafür sorgen müssen, dass die
Glaubwürdigkeit wiederhergestellt wird.

Die Politik reagierte allerdings seit dem Beginn der
öffentlichen Diskussion um den griechischen Haushalt
Anfang 2010 zögernd auf den Stimmungsumschwung und
die veränderte Wahrnehmung auf den Märkten. So wollte
Bundeskanzlerin Merkel erst die Wahlen in Nordrhein-
Westfalen im Mai abwarten und musste überdies Rück-
sicht auf Urteile des Bundesverfassungsgerichtes nehmen.
Unterdessen wurde die Stimmung in der deutschen Öffentlichkeit von den Medien aufgeheizt und mit populistischer
Hysterie nahe dem Siedepunkt gehalten. Die Krise breitete
sich aus; nacheinander sahen sich jetzt die Iren, die Spani-
er, die Portugiesen und sogar die Italiener ebenfalls feind-
lich gesinnten Marktteilnehmern gegenüber. Europa bekam als kleines Beiprodukt ein neues Akronym, das sich
Investmentbanker ausgedacht hatten: PIGS-Staaten (Portugal, Irland, Griechenland, Spanien; manche zählen auch
noch Italien dazu und schreiben PIIGS). Die so höflich
als Schweine bezeichneten Staaten waren, entweder schon
von jeher oder durch die scharfe Rezession beziehungs-

weise die Bankenrettungsmaßnahmen, allesamt hochver-
schuldet. Eine zeitgerechte Entschuldung galt als nicht
realistisch, die Krise war da. Als es dann endlich zu einer
Rettungsaktion kam, mussten 750 Milliarden Euro bereit-
gestellt werden, mehr, als wahrscheinlich ursprünglich nö-
tig gewesen wäre, da man so lange gewartet hatte.

Die Bundeskanzlerin sah sich von verschiedenen Seiten
getrieben. Da war einmal das deutsche Finanzwesen. Aufgrund von Bankanalysen wurde die Verschuldung der
PIGS-Staaten bei deutschen Banken und anderen deutschen Investoren auf etwa 510 Milliarden Dollar geschätzt.
Danach nahm Deutschland den ersten Platz unter den
Gläubigern ein. Es folgten Frankreich mit 410 Milliarden
und Großbritannien mit 370 Milliarden Dollar. Wie hoch
genau das Risiko auch immer war: Es handelte sich um
gigantische Beträge. Banken und Investoren lag natürlich
daran, dass sie als Gläubiger ungeschoren davonkämen
und dass sie kein Geld verlören. Wenn ihnen der Staat aus
der Bredouille half, hätte sich Moral Hazard wieder einmal gelohnt. Und so wie den deutschen war natürlich auch
anderen europäischen – und außereuropäischen – Gläubigern an staatlicher Rettung gelegen.

Druck übten aber auch die deutschen Bürger aus, die
ein wenig europaverdrossen scheinen, jedenfalls keine
Lust haben, für anderer Leute Fehler und Risikoneigung
ins Obligo genommen zu werden, schon gar nicht für die
Banken. Und dann, last but not least, war und ist da der
europäische Gedanke. Wenn die Eurozone auseinander-
bräche, wäre das ein Tiefschlag für den europäischen Gedanken, der Europa um Jahrzehnte zurückwerfen würde,

vielleicht sogar der Anfang vom Ende sein könnte. Dies ginge nicht nur mit erheblichen Wohlfahrtseinbußen für alle Europäer einschließlich der Deutschen einher, sondern hätte – weit schlimmer – dramatische politische und außenpolitische Folgen. Um den politischen Zusammenhalt in Europa nachhaltiger zu gewährleisten, entschlossen sich die Regierungen, nicht den in Bedrängnis geratenen Banken zu helfen, sondern die Staaten, die sich in fiskalischer Schieflage befinden, mit Sonderkrediten zu unterstützen – was außerdem wahrscheinlich billiger kommt.

Frau Merkel gab (zusammen mit dem französischen Präsidenten Sarkozy) die Richtung vor: Ja, man muss Griechenland und Irland und möglicherweise noch weiteren europäischen Staaten finanziell helfen; nein, Moral Hazard darf nicht wieder triumphieren, er muss minimiert werden. Weder die betroffenen Staaten noch die Banken und Gläubiger, die deren Risiko in den Büchern halten, dürfen sich darauf verlassen können, dass jemand anders für sie die Kastanien aus dem Feuer holt. Das bedeutet, dass etwaige Rettungsmaßnahmen nur unter strengen Auflagen erfolgen und dass sich die privaten Gläubiger darüber hinaus an solchen Rettungsaktionen beteiligen müssen, genau so, wie das auch in der Realwirtschaft gang und gäbe ist.

Da brach ein Sturm los. So eine Frechheit, hieß es, die Deutschen (von den Franzosen sprach kaum einer) wollen doch glatt die Investoren am Risiko beteiligen. Nachdem der deutsch-französische Vorschlag publik geworden war, spielten die Märkte verrückt. Die Deutschen wurden wieder zum politischen Buhmann. Frau Merkel sei dumm, gehörte noch zu den freundlicheren Kommentaren, die in Europa zu hören waren. Die Kritik kam nicht nur von den Banken und anderen Marktteilnehmern, von denen man das nicht anders erwartet hatte, sondern auch aus den Reihen ihrer europäischen Kollegen. Ich meine, zu Unrecht. Es geht nicht an, dass die politische Führung der Eurozonen-Staaten kollektiv vor dem Moral Hazard einknickt. Wo soll denn das enden? Banken und deren Gläubiger haben durch die globalen Rettungsaktionen in den letzten Jahren ohnehin eine Garantie zum risikolosen Gewinnmachen bekommen. Es ist unerträglich, dass diese Garantie noch ausgeweitet werden soll.

Das Konzept von Merkel und Sarkozy hat sich leider nur partiell durchsetzen können. Man hat sich zwar auf europäischer Ebene darauf geeinigt, von 2013 an ein permanentes Sicherheitsnetz aufzuspannen, doch wie das genau aussehen soll und in welcher Weise und unter welchen Bedingungen auch die Privatwirtschaft an Rettungsaktionen beteiligt wird, ist bisher unklar und nur vage formuliert.

Die Gefahr der Politisierung der Notenbanken war bereits vor einem Jahr deutlich erkennbar. Jetzt ist sie zur Realität geworden. Weniger dadurch, dass die Politiker die Notenbanken aktiv gedrängt hätten, eine ihnen genehme Geldpolitik zu betreiben, als vielmehr durch die Unfähigkeit der politischen Klasse, sich global, multinational oder auch nur national zu einigen. So entstand ein Handlungsvakuum, das die Notenbanken besetzten. Die vermeintliche oder tatsächliche Staatsräson gebot ein solches Vorgehen, auch wenn die Notenbanken insbesondere in Europa sehr unwillig einsprangen. Das Instrument, dessen sich die amerikanische Fed und die Bank of England bedienten, war die sogenannte »quantitative Lockerung«. Durch den Aufkauf von Wertpapieren, seien es Staatsanleihen, Verbriefungen oder sonstige verzinsliche Papiere, wird dabei dem Bankensektor beziehungsweise der Volkswirtschaft zusätzliche Liquidität zugeführt. Mit dieser Politik wird Geld aus dem Nichts geschaffen, weshalb sie vulgo auch als »Gelddrucken« bezeichnet wird.

Im Falle der USA war diese Politik auf eine Ankurbelung der Konjunktur gerichtet. Der Regierung Obama sind durch den Erfolg der Republikaner bei den Midterm-Wahlen im Herbst 2010 und dem starken Einfluss der Tea-Party konjunktur- und fiskalpolitisch die Hände gebunden. Ein ernsthafter, parteiübergreifender Wille, einerseits die Beschäftigung zu erhöhen, andererseits das verheerende Haushaltsdefizit zu vermindern, ist nicht einmal in groben Konturen zu erkennen. Der Immobilienmarkt, der letztlich der Auslöser der Krise war, liegt weiterhin brach, obwohl die quasi verstaatlichten Hypothekenriesen Fannie Mae und Freddie Mac weiterhin beinahe alle Neuhypotheken garantieren. Die beiden Institutionen haben in den zwei Jahren von August 2008 bis August 2010 etwa knapp 230 Milliarden Dollar Verlust verbuchen müssen und stehen beim amerikanischen Steuerzahler mit 150 Milliarden Dollar in der Kreide. Das konjunkturelle Wachstum ist zwar wieder angesprungen, aber immer noch zu schwach, um eine deutliche Absenkung der Arbeitslosenrate zu bewirken. Anders als die EZB hat die Fed allerdings ein Dop-

pelmandat, soll also nicht nur für gemäßigte Preissteige-
rungsraten, sondern auch für Vollbeschäftigung sorgen.

Da die Leitzinsen in den USA faktisch bei null liegen,
hat sich die Fed im Spätsommer und Herbst 2010 entschlossen, erneut ans Gelddrucken zu gehen, um die Wirtschaft auf diesem Wege anzukurbeln. Das hatte sie schon
von 2009 bis zum Frühjahr 2010 getan. Es ist unter Volks-
wirten äußerst umstritten, inwieweit eine solche Geldmen-
genpolitik der Konjunktur hilft und welche Risiken mit
dieser Politik einhergehen. Das Inflationsrisiko ist allerdings groß.

In der Eurozone zielte der Eingriff der EZB nicht auf die
Konjunktur, sondern primär auf die Banken, und zwar
nicht nur in den peripheren PIGS-Staaten, sondern in ganz
Europa; ein weiteres Ziel war die Aufrechterhaltung des
Staatsanleihemarktes der PIGS-Staaten. Die EZB vergab
unbegrenzte Kredite an Banken, was Ende 2010 aber fast
nur noch von Banken der peripheren Staaten genutzt wurde, denen im Zuge der Krise der Marktzugang verschlos-
sen wurde. Durch ihre Politik »rettete« die EZB also die
eigentlich insolventen Banken, die damit zu »Zombie«-
Banken wurden. Zudem akzeptierte die EZB als Besicherung für ihre Kredite Staatsanleihen, die nicht mehr von
guter Bonität waren, und sie kaufte von privatwirtschaftlichen Investoren massenhaft als minderwertig eingestufte
Staatsanleihen der peripheren Staaten. Damit leistete sie
dem Moral Hazard Vorschub.

Auch in Großbritannien kam es zu einer Politisierung
der Notenbank. Die Bank of England (BoE) hat ihr Inflationsziel von zwei Prozent faktisch aufgegeben. Beinahe

während des gesamten letzten Jahres lag die Inflationsrate, je nach Berechnungsindex, zwischen reichlich drei und weit über vier Prozent. Die Bank of England selbst prognostiziert eine Rückkehr zu ihrem Inflationsziel erst für 2012. Eine gefährliche Politik, denn die Inflationserwartungen könnten sich nachhaltig erhöhen. Um die Inflation wieder auf das Normalmaß zurückzubringen, hätte die BoE die Zinsen anheben müssen, das aber wollte sie aufgrund der schlechten konjunkturellen Lage und des rigorosen, konjunkturdämpfenden Sparkurses der neuen Regierung nicht.

Damit komme ich zu einer der zentralen Fragen in der Diskussion der letzten zwölf Monate. Auf der einen Seite stehen diejenigen, die sich vor *Inflation* fürchten, auf der anderen Seite diejenigen, die in der *Deflation* die größte Gefahr sehen. Während die inflationären Gefahren, insbesondere auch in Deutschland, wohl bekannt sind, ist man mit den Gefahren der Deflation weit weniger vertraut. Hier kann sich durch Preis- und damit Nachfragerückgänge eine teuflische Spirale zu drehen beginnen, die in wirtschaftliche Depression und hohe Arbeitslosigkeit führt. Der Chef der amerikanischen Notenbank, Ben Bernanke, ist ein *Deflationist*. Er druckt Geld, um die Inflation, die Inflationserwartungen und damit auch die Nachfrage zu erhöhen. Andere, wie zum Beispiel der Bundesbankchef Axel Weber, sind *Inflationisten*. Anhänger beider Auffassungen finden sich in allen Gruppen von Marktteilnehmern und -beobachtern. Die Zentralbanker sind sich nicht einig, und die Akademiker warten mit immer neuen Streitschriften auf. Mit den sich langsam aufhellenden

Konjunkturnachrichten aus den USA und den hohen Rohstoff- und Produzentenpreisen scheinen die Inflationisten allerdings zurzeit die Oberhand zu gewinnen.

Mit der Gefahr der Politisierung der Notenbanken zeichnete sich vor einem Jahr zugleich auch die Gefahr einer anhaltenden globalen Geldschwemme ab. Zu deren negativen Folgen zählen potenziell unter anderem Verzerrungen auf den Finanzmärkten einschließlich der Währungsmärkte, Blasenbildung in bestimmten Anlageklassen sowie Inflationsbeschleunigung. Die Kosten oder jedenfalls die potenziellen Kosten einer Geldschwemme sind also hoch, der Nutzen dagegen ungewiss, denn die Rechnung könnte nicht aufgehen. Die Banken, denen zum Beispiel die amerikanische Notenbank das Geld zu null Prozent andient, verleihen dies nicht etwa in der Realwirtschaft. Nein, das Geld fließt vielmehr in die Finanzmärkte, und das führt zu Blasen. Das war schon unter Alan Greenspans Ägide der Fall, dessen lockere Geldpolitik wesentlich zur Überhitzung der Märkte und zum Crash beitrug. Erleben wir hier ein Déjà vu?

Im Verlauf des letzten Jahres zeigten sich denn auch deutliche Blasenerscheinungen auf den Finanz- und Währungsmärkten der Emerging Markets, auf den Kredit- und Anleihemärkten und auf den Rohstoffmärkten. Die Blase auf den agrarischen Märkten – zum Teil allerdings durch widrige Witterungsbedingungen hervorgerufen – ist dabei besonders besorgniserregend, denn hohe Nahrungsmittelpreise sind die Folge, unter der besonders die Armen leiden, ganz gleich, wo auf der Welt sie beheimatet sind. Eine hohe Teuerungsrate bei den Nahrungsmitteln birgt immer auch die Gefahr von politischen und sozialen Spannungen und Unruhen.

Eine generell deutlich erhöhte Inflation der Verbraucherpreise in den westlichen industrialisierten Staaten ist dagegen (noch) nicht eingetreten, abgesehen von Großbritannien, wo Anfänge zu erkennen sind. Hier wird die Zukunft zeigen, ob die Notenbanken willens und überhaupt in der Lage sind, einen zeitgemäßen, konsolidierenden Geldmarktkurs zu fahren, um globalen Inflationsdruck abzuwehren. Die Geldschwemme und die Geldpolitik, insbesondere in den Vereinigten Staaten, geben jedenfalls Anlass zu großer Sorge.

Weil in der Beurteilung der zukünftigen Preisentwicklung und der daraus zu ziehenden Konsequenzen Uneinigkeit herrscht, kam es im letzten Jahr zu einem ungewöhnlichen Gleichlauf an den Finanzmärkten. Normalerweise ist ein hoher Goldpreis ein Zeichen dafür, dass Investoren Angst vor der Inflation haben. Normalerweise sind geringe Kapitalmarktzinsen ein Zeichen dafür, dass Investoren Angst vor Disinflation, sogar Deflation haben, jedenfalls einen Konjunktureinbruch befürchten. Wenn ein Konjunktureinbruch befürchtet wird, geht es normalerweise den Aktienmärkten schlecht, dito den Rohstoffmärkten. Keine dieser historischen Korrelationen hatte im letzten Jahr Bestand. Die Rohstoffmärkte boomten, die Aktienmärkte stiegen, das Gold sah Rekordpreise, und deutsche und amerikanische Staatsanleihen rentierten mit Rekordtiefs, das heißt, ihre Kurse waren auf historischen Höchstständen. All das sind deutliche Anzeichen für die große Unsicherheit der Märkte und Investoren.

Zum Glück hat sich, anders als befürchtet, bisher kein Handelsprotektionismus breitgemacht, ganz im Gegenteil, der Welthandel hat sich im vergangenen Jahr wieder deutlich erholt. Allerdings scheint der Protektionismus jetzt andere Wege gefunden zu haben: über die Währung. Die großen Protagonisten des im letzten Herbst so bezeichneten »Währungskrieges« sind die USA und China. China hat seinen Yuan an den US-Dollar gekoppelt und interveniert auf den Devisenmärkten, um eine signifikante Aufwertung des Yuan zu verhindern. Die amerikanische Notenbank druckt Geld, was den Dollar zusätzlich zu der verheerenden haushalterischen und schwachen konjunkturellen Situation unter Druck geraten lässt. Beide großen Staaten versuchen über einen niedrigen Wechselkurs ihre Exporte und ihr Wachstum zu fördern, um die Beschäftigung zu steigern. Leidtragende dieser Situation sind vor allem die Exporteure in Europa, in Japan und in anderen asiatischen und lateinamerikanischen Staaten, deren Währungen unter zum Teil erheblichem Aufwertungsdruck stehen. In einigen Schwellenländern sind daher schon gewisse Kapitalverkehrskontrollen eingeführt worden, um den Aufwertungsdruck zu mildern – auch das eine Gefahr, die sich seit letztem Jahr bewahrheitet hat.

Es wäre unredlich zu sagen, es habe sich in Bezug auf eine Neuregulierung des Finanz- und Bankwesens in den letzten zwei Jahren nichts getan. Es hat sich eine Menge getan, sowohl politisch als auch seitens der Aufsichtsbehörden, die deutlich schärfer kontrollieren als vor der Krise. Aber ist die Bilanz deshalb positiv zu nennen? Sind die großen Hürden genommen? Beide Fragen beantworte ich mit Nein.

Die international bisher einzige umfassende Neuregulierung, die als Gesetz verabschiedet wurde, ist das sogenannte Dodd-Frank-Gesetz in den USA. Aber auch wenn dieses Gesetz ein über 2300 Seiten starkes Konvolut ist, so ist es doch bisher nicht mehr als ein Gerüst, dessen praktische Ausgestaltung die Aufsichtsbehörden in den USA noch längere Zeit beschäftigen wird. Zum Teil sind erst kürzlich Komitees und andere Gremien gebildet worden, die sich mit der Umsetzung und den genauen Definitionen von vage gehaltenen Vorgaben zu befassen haben. Das gibt der Bankenlobby eine Riesenchance zu beweisen, dass sie ihr Geld wert ist. Eine vorgesehene Bankenabgabe war denn auch in allerletzter Minute aus dem Gesetzestext gestrichen worden. Nach den erdrutschartigen Verlusten der Demokraten bei den Midterm-Wahlen ist es der Lobby sogar noch leichter gemacht worden. Einige Republikaner haben schon angekündigt, dass sie eine stringente Beschneidung lukrativer Bankgeschäfte ablehnen; nach wie vor hängen sie der These an: »Was gut für Wall Street ist, ist auch gut für Amerika.«

Das Dodd-Frank-Gesetz hat es nicht einmal vermocht, die Anzahl der US-Aufsichtsbehörden zu verringern, ganz im Gegenteil, es gibt den verschiedenen Aufsichtsbehörden und ihren Bürokratien Gelegenheit, sich weiter zu vergrößern. Das Gesetz ist ein Ungetüm, von dem man noch nicht genau weiß, an welche Leine es sich legen lässt – im Zweifel werden die Banken die Leine führen.

Neue Aufsichtsbehörden wird es auch in Europa geben.

Auf EU-Ebene wird es eine neue Europäische Finanzaufsicht (European System of Financial Supervision) geben, innerhalb deren drei neue Behörden geschaffen werden. Eine neue Börsenaufsicht (European Securities and Markets Authority), eine für die Aufsicht der Banken (European Banking Authority) und eine für Versicherungen und Betriebsrentensysteme (European Insurance and Occupational Pensions Authority). Zudem wird bei der EZB ein Beratungsgremium für Systemische Risiken (European Systemic Risk Board) eingerichtet, welches der Frühwarnung gegen neue Finanzkrisen dienen soll.

Das Europäische Parlament und Politiker in ganz Europa haben die Neuschaffung einer exekutiven Aufsicht auf EU-Ebene als großen Durchbruch gefeiert. Der Nachweis, dass hier wirklich eine Verbesserung instituiert worden ist, steht aber noch aus. Diese Behörden werden, wie nicht anders zu erwarten war, zum großen Teil von denselben Leuten besetzt und geleitet, die schon vor der Finanzkrise für die Aufsicht zuständig waren. Das personelle Mittelmaß, welches nicht zuletzt zum Versagen der Aufsicht geführt hat, wird weiter bestehen bleiben. Da die neuen Aufsichtsbehörden auch finanziell nicht signifikant bessergestellt sind, werden sie nicht genug bezahlen können, um ausreichendes Talent und finanztechnische Intelligenz anheuern zu können, sie werden weiterhin wie der Hase dem Igel hinterherhecheln. Außerdem ist abzusehen, dass es ähnlich wie in den USA zu einem Kompetenzgerangel zwischen den Behörden kommen wird. Das könnte, wie schon vor der Krise, dazu führen, dass im behördlichen und bürokratischen Eifer Indizien für neue Gefahren übersehen werden.

Das zweite große neue Regelwerk ist das als Basel III bezeichnete Bündel von Vorschlägen, das von einem internationalen Gremium aus Vertretern von Aufsichtsbehörden, Noten- und Zentralbanken und anderen Marktteilnehmern und -beobachtern geschnürt worden ist. Das oberste Ziel von Basel III ist es, eine bessere Eigenkapitalausstattung der Banken zu erreichen und ihren Fremdverschuldungsgrad zu senken (leverage). Auf dieses Bündel haben sich die G-20-Staaten im letzten November geeinigt. Aber wie auch beim Dodd-Frank-Gesetz fehlen noch die genauen Ausgestaltungen und praktische Verfahrensvorgaben. Das haben die Regierungschefs zukünftigen Diskussionen und Verhandlungen ihrer Finanzminister und Aufsichtsbehörden überlassen. Vor allem aber gibt es zu Basel III zurzeit nicht mehr als eine Absichtserklärung. Das Regelwerk muss überall noch in die jeweilige nationale Gesetzgebung übernommen werden. Ob und inwieweit das passieren wird, ist ungewiss. So hat das zurzeit noch geltende Regulierungsbündel Basel II nie Eingang in die US-amerikanische Gesetzgebung gefunden, obwohl dies ursprünglich fest für 2008 geplant war.

Leider hat sich Basel III einigen Problemen überhaupt noch nicht gewidmet, zum Beispiel den systemisch relevanten Banken (»too big to fail«) oder, genauso wichtig, dem Schattenbankensystem. Zwar sind die Probleme des Moral Hazard und des »too big to fail« inzwischen auch dem Letzten bewusst geworden, aber das hat weder die Politiker noch die Aufsichtsbehörden daran gehindert, eine dringend erforderliche Lösung in die Zukunft zu verschieben. Was ist zum Beispiel mit der Aufspaltung oder sonstigen Verkleinerung von Mega-Banken, was ist mit einer radikalen Erhöhung der Eigenkapitalquote auf, sagen wir, zwanzig bis dreißig Prozent der Bilanzsumme? Die Verantwortlichen haben Angst, ihren jeweiligen Finanzplatz zu beschädigen, viele sind vor der Bankenlobby eingeknickt. Das Problem wird mit der voranschreitenden Bankenkonsolidierung sowohl in den USA als auch in Europa ständig größer; die von mir vor einem Jahr beschriebene Gefahr, dass eine Superbankenklasse entsteht, auf deren Türschild als Motto »Moral Hazard« zu lesen ist, ist zur Realität geworden.

Lächerlich geringe Bankenabgaben wie in Deutschland, Großbritannien und anderen europäischen Ländern oder etwas großzügigere Kapitalpolster für die Banken machen uns als Steuerzahler und Bürger nicht sicherer vor dem nächsten Crash. Laut Basel III soll das Eigenkapital bis zu sieben Prozent der risikogewichteten Aktiva betragen; das bedeutet, die Eigenkapitalquote auf die gesamte Bilanzsumme könnte damit bei klitzekleinen drei Prozent liegen. Außerdem gibt es auf Drängen der Bankenlobby eine Übergangsfrist bis 2019. Und damit soll das System sicherer werden? Die Gefahr, dass man sich dieses Themas nur halbherzig annehmen würde, war vor einem Jahr abzusehen. Aber es ist geradezu skandalös, wie weit Basel III dem Bankwesen entgegengekommen ist. Die geplanten Vorschriften sind deutlich laxer, als ursprünglich erwartet, viele global agierende Banken erfüllen sie teilweise schon jetzt, ohne dass sie sich besonders hätten anstrengen müssen.

Auch was das irregeleitete exorbitante Bonus-System

angeht, das als ein mitbestimmender Faktor der Finanzkrise erkannt wurde, hat die Bankenlobby gute Arbeit
geleistet. Es gab einen generellen, von den Steuerzahlern
überall auf der Welt getragenen Konsens, dieser Form des
Bonus-Systems ein Ende zu bereiten. Das ist nicht gelungen, zum Teil noch nicht einmal richtig angegangen worden. In Amerika steht eine aufsichtsbehördliche Antwort
zum Thema noch aus. In Europa hat man sich zwar darauf
geeinigt, dass die Zurverfügungstellung von Boni zeitlich
gestreckt werden muss, dass ihre Barkomponente deutlich
beschnitten wird, dass im Fall von Verlusten noch nicht
bereitgestellte Bonus-Anteile einbehalten werden können.
Doch das ist nicht genug; man muss nämlich nicht nur die
Struktur des Bonus-Systems verändern, sondern auch die
Beträge insgesamt kürzen. Die neuen Regeln werden außerdem munter umgangen. Es hatte sich ja schon 2009
abgezeichnet: Viele Banken haben die Grundgehälter ihrer
Investmentbanker erhöht, häufig verdoppelt oder sogar
verdreifacht, damit die geringere Boni-Barauszahlung die
armen Betroffenen nicht zu hart treffen möge. Eine irre
Konsequenz, denn damit sind die fixen Lohnkosten enorm
gestiegen, was den Banken in schlechten Zeiten erhebliche
Probleme bereiten wird.

So viel ist in den letzten zwölf Monaten klargeworden:
Die Branche sieht keinen Anlass, sich in Selbstbeschränkung zu üben. Das Bewusstsein, Mitverantwortung für
die große Krise zu tragen, ist nicht vorhanden. Ich bin im
letzten Jahr immer mehr zu der Überzeugung gelangt, dass
die Vergütungspraxis deutlich strenger aufsichtsbehörd-
lich geregelt werden muss, auch wenn das einem markt-

wirtschaftlich Denkenden gegen den Strich geht. Die absolut scheuklappenhafte Indifferenz und Arroganz der Branche und ihrer Topvertreter kann auf Dauer nicht hingenommen werden. Sie ist eine beständige Gefahr für das Wohlergehen der übrigen 99,9% der Bevölkerung.

Die Gruppe der G 20 ist so heterogen wie die gesamte übrige Welt auch. Und deshalb kann sie sich auch auf kaum etwas einigen. Anfang, Mitte 2009, als die Finanzkrise ganz frisch war, keiner wusste, wie es weitergehen würde, und als die Wut auf die Banken so richtig kochte, zogen die G 20 noch an einem Strang. Da war man sich noch einig, dass man die Risiken einer Wiederholung unter allen Umständen minimieren müsse. Aber bald bröckelte die Einmütigkeit. Schon Mitte 2010 konnte man sich nicht einmal mehr auf eine eher harmlose Bankenabgabe einigen, und eine etwaige Transaktionssteuer war sowieso vom Tisch.

China hat andere Probleme als die USA. Was für Deutschland richtig ist, muss nicht richtig für Brasilien sein. Der Finanzplatz Schweiz braucht eine andere Aufsicht als Indien. Kein Wunder, dass man es bei vagen Kommuniqués belässt. Darüber hinaus gibt es innerhalb der G 20 einen erheblichen Wettbewerb der Finanzplätze. Nicht nur zwischen Wall Street, Londoner City, Zürich und Frankfurt, sondern zunehmend auch zwischen den westlichen Staaten und Asien oder Lateinamerika. Für die globalen Banken liegt die Zukunft in den großen Schwellenländern, in Singapur und Hongkong oder Brasilien. Das sind die Plätze, an die heute die Investmentbanker und andere Topleute geschickt werden. Diese Entwicklung will man in Asien und Lateinamerika natürlich fördern, man will die Banker einladen, nicht abschrecken. Man lockt sie mit niedrigen Steuern, mit Wachstum und Geschäftsmöglichkeiten und sich weiter öffnenden Märkten, und kümmert sich nicht um Bonus-Regeln. Auch dieser Wettbewerb trägt erheblich zur Uneinigkeit zwischen den G-20-Staaten bei.

Die Situation in der Eurozone ist weiterhin extrem prekär, und es ist nicht unwahrscheinlich, dass sich die Schuldenkrise weiter ausweiten wird. Portugal ist gefährdet, Spanien könnte leicht in den Strudel geraten, manche nehmen schon Belgien und Italien ins Visier. Die Politik wird beherzt agieren müssen, um nicht noch einmal von den Märkten getrieben zu werden.

Seit Ausbruch der Krise wird hie und da vom Status quo ante geschwärmt: Ach, hätten wir doch unsere gute alte D-Mark wieder. Oder auch: Am besten wäre es, wir teilten die Eurozone in zwei Hälften, einen Nord-Euro und einen Süd-Euro. Oder zumindest: Ach, verließen doch bloß die Problemkandidaten die Eurozone. Nach meiner persönlichen Meinung ist all das ein emotionales, populistisches, Beifall, Quote und Auflage heischendes Argumentieren.

Ein Zerfall der Eurozone, sei es durch Rückkehr zu den alten Währungen, sei es durch Teilung oder durch Ausscheiden einiger Staaten, muss aus politischen und wirtschaftlichen Gründen mit aller Kraft verhindert werden. Käme es zu offiziellen politischen Erwägungen in dieser Richtung, würde die Währung, die dann für Deutschland gälte, in die Höhe schießen und extrem aufwerten. Das würde der Exportwirtschaft und deren deutschen Zulieferern zu schaffen machen. Das wiederum würde die Konjunktur und den Arbeitsmarkt stark negativ beeinflussen. Diejenigen Staaten, die aus dem jetzigen Währungsverbund austreten würden, sähen sich einer sofortigen Kapitalflucht ausgesetzt, einem Run auf ihr nationales Bankenwesen, sie müssten Kapitalverkehrskontrollen einführen, ihre Währung würde in den Keller fallen. Sie würden eine schwere Rezession, wenn nicht Depression durchmachen, der Arbeitsmarkt würde zusammenbrechen, ihre Nachfrage läge am Boden. Dies hätte ebenfalls stark negative Konsequenzen für die deutsche Exportwirtschaft. Außerdem müssten die Bankverbindlichkeiten dieser Staaten zum größten Teil, wenn nicht vollständig abgeschrieben werden. Die Verluste, auch der deutschen Banken und anderer deutscher Gläubiger, wären immens, der Bund müsste mit Stützungsaktionen helfen. Dies hätte wiederum negative Folgen auf den Bundeshaushalt, die Bundesverschuldung und die Staatsleistungen für die Bürger. Doch nicht nur die Folgen in Europa wären katastrophal. Europa ist wirtschaftlich und finanzmäßig vernetzt, also würden nicht nur deutsche und europäische Volkswirtschaften und Banken in Mitleidenschaft gezogen, sondern auch solche in Amerika und Asien. Es könnte leicht zu einer zweiten globalen Rezession und Finanzkrise kommen.

Das allein lässt vor solchen Planspielen zurückschrecken, hinzu kommt das politische Moment. Deutschland ist bei weitem die größte Volkswirtschaft in Europa und hat historisch das schwerste Gepäck zu tragen. Trotz dieses Gepäcks wird Deutschland dank seiner Einbindung in die EU und die Eurozone als demokratischer Rechtsstaat von seinen Nachbarn respektiert. Die Wiedervereinigung wäre ohne die europäische Zusammenführung und Deutschlands Einbettung in die Gemeinschaft wahrscheinlich nicht erfolgt. Den Deutschen muss weiterhin daran gelegen sein, dass Europa eine Gemeinschaft bleibt und nicht auseinanderbricht. Die Zusammenführung Europas ist ein hohes Gut, um das wir uns aktiv bemühen müssen, statt uns durch Kleinkrämerei den Blick versperren zu lassen.

Der europäische Gedanke wäre am konsequentesten verfolgt – und die Krise innerhalb der Eurozone sofort vom Tisch –, wenn wir einen europäischen Bundesstaat hätten, mit einer Regierung, einem Parlament und einem Staatshaushalt. Weil das Utopie ist und kein Staat (und kein Bürger) in Europa zur freiwilligen Aufgabe von Souveränität dieses Ausmaßes bereit ist, bleibt als Alternative vorläufig nur das Durchwursteln. Am Durchwursteln per se ist nichts Schlechtes: Es bedeutet verhandeln, es bedeutet Kompromisse eingehen, es verlangt Pragmatismus – solange die Richtung stimmt und der Wertekompass beachtet wird. All das hat die Politik im Fall der Einigung Europas bis hin zu der jüngsten Euro-Krise auch gezeigt, auch wenn der Weg oft im Zickzack und holprig verläuft und manchmal länger pausiert oder sogar der Rückwärtsgang eingelegt wird. Die Politiker müssen sich allerdings darauf verständigen, ihre Wirtschafts- und Finanzpolitik stärker zu koordinieren, fiskalische Überwachungsfunktionen zu verschärfen und Sanktionen zu automatisieren.

Wie geht es jetzt weiter? Insbesondere in Deutschland ist der Aufschwung nach der scharfen Rezession 2009 erstaunlich. Der Arbeitsmarkt steht so gesund da wie seit dem Wiedervereinigungsboom nicht mehr, das wirkt sich auf die private Nachfrage aus, die Bürger kaufen, die Unternehmen investieren, das Ausland kauft auch, die Exporte brummen, die Steuerquellen sprudeln wieder. Die Inflation ist (noch) niedrig, die EZB versorgt weiterhin alle und jeden mit billigem Geld, die Finanzmärkte laufen gut, daher fühlen sich die Anleger wohlhabender.

Alles prima. Wer will da noch an die bösen Banker denken, an die ausstehende Neuregulierung nicht nur für die Banken, sondern auch für die anderen Player auf den Finanzmärkten? Es ist doch viel erfreulicher, den ganzen Schlamassel hinter sich zu lassen und positiv in die Zukunft zu schauen. Topbanker brauchen sich nicht mehr in Reue zu üben (hat sowieso kaum einer ernsthaft getan) und können sich wieder ob ihrer Cleverness beklatschen lassen. Vom Chef der schweizerischen UBS, Oswald Grübel, war schon im letzten Herbst zu hören, dass seine Bank wieder höhere Risiken eingehen müsse, damit eine bessere Eigenkapitalrendite erreicht werde. Und der Chef von Barclays (und der dazu gehörigen großen Investmentbank Barclays Capital), Bob Diamond, setzte Anfang Januar 2011 bei einer Anhörung vor dem britischen Parlamentsausschuss noch eins drauf: »Es gab eine Zeit der Reue und der Entschuldigung seitens der Banken; ich denke, diese Zeit muss jetzt zu Ende sein.« So schnell geht das. War was?

Und doch hat die Finanzkrise bei den Bürgern einiges

verändert. Der »Wut-Bürger« ist nicht zufällig zum Wort
des Jahres 2010 gewählt worden. Allerdings hat in
Deutschland und anderswo eine eigenartige Verlagerung
stattgefunden: Die Wut richtet sich nicht mehr auf die
Banken, sondern auf die Regierungen. Die Bürger oppo-
nieren gegen Sparanstrengungen und Leistungskürzungen,
die jetzt vorgenommen werden müssen. Die Finanzkrise
hat auch zu erheblichen Verunsicherungen geführt, negative Seiten der Globalisierung rückten in den Fokus. Vieles,
was auf der Welt schiefläuft, wird jetzt den Regierungen
angelastet, sie sollen für Sicherheit und Kuscheligkeit sorgen. Dem Hauptverursacher der Finanzkrise, der globalen
Finanzbranche, kommt das sehr gelegen. Sie steht nicht
mehr im Zentrum des Interesses, sie kann weitermachen
wie bisher. Eine ungute Entwicklung, die es noch schwieri-
ger machen wird, zu einer adäquaten Neuregulierung zu
kommen und sich darüber hinaus der wichtigen Frage zu
widmen, ob die Finanzbranchen in den westlichen Demo-
kratien wirklich so überdimensioniert sein sollten.

Es ist an der Zeit für die Regierungen, sich darauf zu
besinnen, dass sie eine enorme Marktmacht besitzen. Die
sollten sie ausnutzen. Sie emittieren hunderte Milliarden
Euro oder Dollar an Staatsanleihen, privatisieren in Staatsbesitz befindliche Unternehmen (in der westlichen Welt ist
die große Privatisierungswelle allerdings vorbei) und haben auch sonst Geschäfte zu offerieren, nach denen sich
die Investmentbanken die Finger lecken. Diese Marktmacht sollten sie nutzen, aber nicht um ihre nationalen
Bank-Champions zu beglücken, sondern um Investmentbanken, die sich nicht an einen bestimmten, noch auszu-

arbeitenden Verhaltenskodex halten, das Geschäft zu entziehen. Desgleichen sollten sie öffentlichen Druck ausüben, damit die großen realwirtschaftlichen Konzerne das Gleiche tun. Die Wirkung wäre ähnlich wie bei einem Konsumentenstreik. Einen solchen Druck und den damit einhergehenden Reputationsverlust würden die betroffenen Banken sehr wohl spüren, und dies könnte sie möglicherweise davon überzeugen, dass eine gewisse Selbstbeschränkung in ihrem eigenen Interesse liegt.

Wir befinden uns im Jahr drei nach der Lehman-Pleite. Sie war der Tropfen, der das Fass mit dem Giftmüll zum Überlaufen brachte. Auch wenn viele Banken, nicht wenige Politiker und ein großer Teil der Bevölkerung inzwischen zum »business as usual« übergegangen sind, werden uns die Folgen der Finanzkrise noch lange begleiten. Die Euro-Krise legt schon jetzt davon Zeugnis ab. Doch auch andere hochverschuldete Staaten könnten plötzlich in einen Krisensog geraten, die hässliche Situation einer Stagflation ist nicht auszuschließen und das globale Finanzsystem weist immer noch viele gefährliche Schlaglöcher und unbeleuchtete Baustellen auf.

Wir als Bürger und Steuerzahler sind trotz der Zeit, die seither vergangen ist, kaum besser vor einer neuen Finanzkrise geschützt, als wir das vorher waren. Sicherlich, es gibt neue Regeln, und sie weisen auch in die richtige Richtung, aber sie sind zu zahm, zu lax, letztlich Kleckerkram. Mir scheint, die Bankenlobby hat sich behauptet. Und sie wird sich auch in Zukunft durchsetzen – es sei denn, wir würden noch einmal in eine so entsetzliche globale Krisensituation geraten. Dann könnte es sein, dass sich die globale Politik endlich zu einem gemeinsamen Vorgehen entschließt. Das Bankwesen in seiner jetzigen Form würde eine neuerliche Krise möglicherweise nicht überleben. Weitere Verstaatlichungen, mehr Bürokratie, erhebliche Politisierung, weniger Effizienz wären die Folgen – und all das wäre durchaus nicht wünschenswert.

Deshalb müssen sich die Politiker und Aufsichtsbehörden weiterhin intensiv mit der Neuregulierung des Finanzwesens und der Finanzmärkte beschäftigen und ihre nationalen Egoismen hintanstellen. Sonst scheint die nächste Krise multinationalen, möglicherweise globalen Ausmaßes unabwendbar. So weit dürfen wir es nicht kommen lassen. Es steht zu viel auf dem Spiel. Wir als Bürger müssen weiter Druck auf unsere Politiker ausüben.

Nach der Erstveröffentlichung des vorliegenden Buches im April 2010 habe ich mich über das positive Echo sehr gefreut. Vielleicht kann die Taschenbuchausgabe dazu beitragen, das Interesse am Finanzwesen bei weiteren Menschen zu wecken, die in ihrem täglichen Leben eher wenig oder nichts mit dem Thema zu tun haben. Denn: Die Finanzmärkte und das Problem der Neuregulierung des Finanzwesens sind und bleiben, aller beruhigenden Worte zum Trotz, von vitaler Bedeutung für jeden Einzelnen und für uns alle gemeinsam.

Kent, im Januar 2011
Susanne Schmidt

Dank

Während alles hier Geschriebene und Gesagte allein von mir zu verantworten ist, möchte ich denjenigen meinen Dank abstatten, die mir und meinem Projekt so großzügig ihre Zeit gewidmet haben. Der Dank geht zunächst an meinen Lektor und Agenten Thomas Karlauf, der mich zum Schreiben ermuntert und mein Manuskript mit immer hilfreichen Kommentaren und Anregungen begleitet hat. Dank ebenfalls an den Droemer Verlag für die freundliche Kooperation, die mir von dort entgegengebracht worden ist. Dank an die Freunde Vera und Bernd für ihre Textanmerkungen und ihren freundschaftlichen Rat. Dank auch an meine beiden lieben Eltern für unsere Gespräche am Abendbrottisch, wo seit vielen Jahren nicht nur über die Politik, sondern eben auch über Wirtschaft, Finanzen und die Banken gesprochen worden ist. Nicht unbedingt das Spezialthema meiner Mutter, aber sie hat sich gefreut, dass die Familie so engagiert diskutierte; mein Vater hat meinen Mann und mich mit schwierigen Fragen zu den Banken immer auf Trab gehalten. Und zum Schluss natürlich Dank an Brian, ohne dessen Unterstützung, Motivation und Kraft dieses Buch nicht zustande gekommen wäre.

Glossar

BAD BANK
Eine Abwicklungsbank für notleidende Kredite oder Derivate. Geschäftsbanken sondern ihre notleidenden Aktiva in eine Bad Bank aus, um ihr Kerngeschäft und ihre Bilanz zu sanieren und Eigenkapital freizusetzen. Im Zuge der Finanzkrise haben verschiedene Regierungen das Konzept einer Bad Bank ins Auge gefasst. In der Bundesrepublik hat die Regierung Mitte 2009 für Geschäfts- und Landesbanken die Möglichkeit geschaffen, auf freiwilliger Basis ihre eigenen Bad Banks zu gründen. Obwohl die Banken weiterhin für die Zahlungsfähigkeit ihrer etwaigen Bad Banks verantwortlich sind, ist letztlich der Staat der Garant. Der Zeithorizont der Abwicklungen beträgt maximal 20 Jahre. Irland hat im November 2009 eine staatliche Bad Bank sanktioniert, Schweden war der Pionier dieses Konzepts, dort wurde eine Bad Bank als Konsequenz der Bankenkrise Anfang der neunziger Jahre geschaffen.

BAFIN
Bundesanstalt für Finanzdienstleistungsaufsicht, die deutsche Aufsichtsbehörde für Banken und Finanzdienstleister sowie Versicherer und den Wertpapierhandel. In der Bankenaufsicht arbeitet sie mit der Bundesbank zusammen.

BANK OF ENGLAND

Britische Notenbank, derzeitiger Leiter (Gouverneur) ist Mervyn King.

BASELER AUSSCHUSS FÜR BANKENAUFSICHT, BASEL I + II

Der Ausschuss ist bei der Bank für Internationalen Zahlungsausgleich angesiedelt und wurde ursprünglich 1974 von den G-10-Staaten gegründet, seither hat sich der Kreis der beteiligten Staaten erweitert; er setzt sich aus Repräsentanten der nationalen Aufsichtsbehörden und/oder Notenbanken zusammen und erarbeitet Aufsichtsstandards und Empfehlungen für die Bankenaufsicht. Der Ausschuss hat rein beratenden Charakter, aber seine Empfehlungen bilden die Grundlage für die diesbezüglichen nationalen Gesetzgebungen. Die sogenannte Basel-II-Einigung ist ein Bündel von Eigenkapitalvorschriften und anderen aufsichtsbehördlichen Regelungen, die für EU-Banken und andere EU-Finanzdienstleister gelten; sie sind zum Teil auch von anderen Staaten übernommen worden, eine geplante Einführung in den USA, ursprünglich für 2008 vorgesehen, ist noch nicht erfolgt. Basel II ist das Nachfolgeregelungsbündel von Basel I.

BENOTUNG

Siehe Ratingagenturen.

BRIC-STAATEN

Brasilien, Russland, Indien, China.

CDO

Credit Default Obligation – forderungsbesichertes Wertpapier, das auf einem Portfolio von Schuldverträgen beruht (zum Beispiel Hypotheken, Anleihen, Kredite). CDOs zeigen normalerweise unterschiedliche Risiko-Tranchen auf und werden dementsprechend unterschiedlich verzinst. Ein Portfolio von CDOs kann seinerseits die Basis für weitere CDOs bilden; siehe auch Giftmüll und Verbriefung.

CDS

Collateralised Debt Obligations – ein Kreditderivat für den Handel mit Ausfallrisiken; beruht auf Referenzwerten; ähnelt einer Versicherung, wird aber nicht als solche reguliert. Der Käufer eines CDS braucht kein »versicherbares Interesse« aufzuweisen, deshalb werden CDS auch häufig zur Spekulation auf Schuldnerbonitäten verwendet.

COVENANTS

Covenants sind ein klassischer Bestandteil von Kreditverträgen und vertragsmäßigen Auflagen für den Kreditnehmer, bestimmte Bedingungen zu erfüllen beziehungsweise bestimmte Tatbestände zu unterlassen oder nicht eintreten zu lassen. Sie dienen zur Absicherung des Kreditgebers.

COVENANT-LITE

Der Begriff wird im Zusammenhang mit Kreditverträgen benutzt, bei denen auf die üblichen Covenants verzichtet wird.

DERIVAT
Ein Finanzinstrument oder Vertrag, der das Recht gibt, ein bestimmtes Gut (zum Beispiel Aktien, Anleihen, Rohstoffe, Devisen, Indexe, Zahlungsströme) in der Zukunft zu einem festen Preis zu kaufen oder zu verkaufen.

DUE DILIGENCE
Etwa mit »sorgfältige Unternehmensprüfung« oder »gebotene Sorgfalt« zu übersetzen; eine Sorgfaltspflicht, die bei Geschäftsübernahmen, Börsengängen oder sonstigen Käufen von Aktiva die Stärken, Schwächen und Risiken, die dem Objekt innewohnen, überprüft.

EUROPÄISCHE ZENTRALBANK, EZB
Die Notenbank der Eurozone, derzeitiger Präsident Jean-Claude Trichet; bildet mit den nationalen Zentralbanken der EU-Staaten das Europäische System der Zentralbanken; wird von einem aus sechs Personen bestehenden Direktorium geführt, darunter Präsident, Vize-Präsident und Chef-Volkswirt; die Amtszeit für die Direktoriumsmitglieder beträgt acht Jahre, eine Wiederwahl ist ausgeschlossen.

FANNIE MAE UND FREDDIE MAC
Zwei große US-Hypothekenbanken und »Staatlich geförderte Unternehmen« (Government Sponsored Enterprises), die unter US-Federal Charter, das heißt einer impliziten Staatsgarantie, tätig sind; im Zuge der Finanzkrise effektiv verstaatlicht.

FED

Federal Reserve System oder auch Federal Reserve, die US-Notenbank; Ben Bernanke ist derzeitiger Vorsitzender (Chairman).

FINANCIAL STABILITY BOARD

Von den G-20-Staaten im April 2009 gegründete Aufsichtsbehörde für Internationale Finanzmarktstabilität.

FINANZIALISIERUNG

»Financialisation«, Bedeutungszuwachs des finanziellen Sektors einer Volkswirtschaft gegenüber dem nicht-finanziellen; ein Begriff, der in Anlehnung an die »Industrialisierung« in der zweiten Hälfte des 19. Jahrhunderts geprägt wurde. Ein Phänomen, das in den Wirtschaftswissenschaften stark kontrovers debattiert wird.

FSA

Financial Services Authority; britische Aufsichtsbehörde für Finanzdienstleister.

GIFTMÜLL

Umgangssprachlich für Aktiva (wie zum Beispiel Derivate, CDOs, aber auch notleidende Kredite), die deutlich an Wert verloren haben beziehungsweise deren Wert mangels Käufer nicht eindeutig zu bestimmen ist; siehe auch Bad Bank.

GREENSPAN-PUT

Bezeichnet eine asymmetrische Geldpolitik unter dem damaligen US-Notenbankchef Alan Greenspan. In wirtschaftlich schwierigen Zeiten wurde mit Zinssenkungen der Volkswirtschaft und den Banken Liquidität zur Verfügung gestellt, während in guten Zeiten das Zinsniveau nicht entsprechend angehoben wurde. Die Logik dieser Politik verschaffte den Marktteilnehmern die Sicherheit, dass bestimmte Anlagen, wie zum Beispiel Aktien, nur bis zu einem bestimmten Punkt fallen konnten; Konsequenz war eine Asymmetrie im Kursrisiko dieser Anlagen. Kritiker machen den Greenspan-Put für eine permanent zu hohe Liquiditätsversorgung der Volkswirtschaft und damit für die Blasenbildung verantwortlich.

HEBELEFFEKT

Erhöhte (im negativen Fall verminderte) Eigenkapitalrendite durch vermehrte Schuldenaufnahme.

HSBC

Globale britische Bank mit erheblichen Geschäftsaktivitäten in Asien; vormals Hongkong and Shanghai Banking Corporation.

IPO

Initial Public Offering – Börsenersteinführung; wichtiger Bestandteil des Investmentbanking-Geschäfts.

LBO

Leveraged Buy Out – überwiegend fremdkapitalfinanzierte Unternehmensübernahme; diese Unternehmen werden von den Ratingagenturen unter Investmentgrad geratet, ihre Anleihen werden als Junk-Bonds oder Ramschanleihen bezeichnet.

LEERVERKAUF

Short Selling; der Verkauf eines Wertpapiers, das der Verkäufer nicht besitzt, sondern sich von einem Marktteilnehmer in der Hoffnung geliehen hat, sich bei Rückgabe des Papiers an den Verleiher billiger am Markt eindecken zu können.

LIBOR

London Interbank Offered Rate – die Zinsrate, mit der sich Banken in London gegenseitig kurzfristiges Geld leihen; wird in allen wesentlichen Währungen ausgewiesen.

LIVING WILL

»Testament«; ein Abwicklungsplan, den große, global tätige Finanzinstitute aufstellen sollen, um ihre Abwicklung oder Teilabspaltungen im Fall einer drohenden oder schon eingetretenen Insolvenz zu erleichtern.

LTCM

Long-Term Capital Management – ein ehemaliger amerikanischer Hedgefonds, der im September 1998 unter der Ägide der New Yorker Federal Reserve Bank spektakulär gerettet wurde; wurde Anfang 2000 liquidiert; *das* Beispiel in der jüngeren Geschichte des Finanzwesens für »too big to fail«.

M&A
Mergers and Acquisitions, Fusionen und Übernahmen; wichtiger Bestandteil des Investmentbanking-Geschäfts.

MORAL HAZARD
»Moralisches Risiko«; ursprünglich ein Begriff aus der Versicherungswirtschaft, mit dem das Risikoverhalten von unterschiedlich Versicherten beschrieben wurde; bezeichnet heute allgemein die erhöhte Risikobereitschaft von Banken und anderen Finanzdienstleistern aufgrund einer impliziten Staatsgarantie.

OPTIONEN
Das Recht, aber nicht die Pflicht, ein bestimmtes Gut in der Zukunft zu einem festgesetzten Preis entweder zu kaufen oder zu verkaufen. Bei der angestrebten Übernahme von VW durch Porsche und bei der Übernahme von Conti durch Schaeffler sind »cash-settled options« benutzt worden; dies sind Kaufoptionen mit Barausgleich (Differenz zwischen aktuellem Kurs und fixiertem Ausübungskurs), für die es keiner aufsichtsrechtlichen Offenlegung bedurfte. »Maßgeschneiderte« Optionen, siehe auch OTC.

OTC
Over the Counter – »maßgeschneiderte« Derivate oder andere Wertpapiere, die nicht an einer Börse gehandelt

werden und über deren Vertragsausgestaltung es keine öffentlich zugängliche Informationen gibt.

QUANTITATIVE EASING

Quantitative Lockerung – der Aufkauf von Wertpapieren seitens einer Notenbank, wenn der Leitzinssatz bei null oder wenig darüberliegt; da der Zinssatz kaum oder nicht weiter gesenkt werden kann, kann hierdurch weiterhin eine lockere Geldpolitik verfolgt werden, salopp als »Gelddrucken« bezeichnet. Diese Politik wurde von der japanischen Notenbank Anfang des Jahrtausends zur Bekämpfung der japanischen Deflation eingesetzt, im Zuge der Finanzkrise insbesondere von der Federal Reserve und der Bank of England.

RATINGAGENTUREN

Unternehmen, die die Kreditwürdigkeit eines Schuldners/ Emittenten beurteilen. Die Beurteilung erfolgt in Form einer Benotung durch Buchstaben-Kombinationen; je nach Agentur weichen die Kombinationen ein wenig ab; generell ist AAA die höchste Benotung, d. h., ein Kreditausfall wird als extrem unwahrscheinlich angesehen; C und D sind die schlechtesten Benotungen, hier wird der Kreditausfall als akut bevorstehend prognostiziert, beziehungsweise der Schuldner ist schon im Zahlungsverzug. Von Bedeutung ist der Unterschied zwischen Investmentgrad, nämlich BBB, und Nicht-Investmentgrad (Ramschanleihe, Junk-Bond), nämlich BB; von internationaler Bedeutung sind nur drei US-Ratingagenturen: Standard&Poor's, Moody's, Fitch.

RBS

Royal Bank of Scotland Group, britische Bank, zu 84 Prozent im Staatsbesitz; nach Bilanzsumme die größte globale Bank.

SCHATTENBANKEN

Finanzinstitute, die zum Teil Bankenfunktionen wahrnehmen, aber keine offizielle Banklizenz haben und damit auch nicht von einer Bankenaufsichtsbehörde überwacht werden.

SEC

U.S. Securities and Exchange Commission – US-Behörde für die Aufsicht des Wertpapierhandels.

SECURITISATION

Siehe Verbriefung.

SHORT SELLING

Siehe Leerverkauf.

STRUKTURIERTE PRODUKTE

Finanzprodukte, die aus der Zusammenfügung verschiedener Basisprodukte und mindestens eines Derivats entstehen; das bekannteste Beispiel sind Zertifikate.

SUBPRIME-HYPOTHEK

Eine Hypothek, bei der der Schuldner eine mindere Kreditwürdigkeit aufweist.

SWAP

Ein Derivat, bei dem die Kontraktparteien die Zahlungsströme, die ihnen aus bestimmten Finanzinstrumenten zustehen, tauschen; meistens »maßgeschneidert«, also nicht an der Börse gehandelt; am weitesten verbreitet sind Zins-Swaps, bei denen die Parteien jeweils feste und variable Zinsströme tauschen.

TED SPREAD

Treasury Bill Eurodollar Difference; die Zinsdifferenz zwischen Dreimonats-Dollar-LIBOR und Dreimonats-US-Schatzwechsel; bildet die Liquidität und das Vertrauen innerhalb des Interbankenmarktes ab; je höher die Differenz, um so weniger Liquidität und Vertrauen.

TOO BIG TO FAIL

»Zu groß, um zu scheitern«; ein Unternehmen, dessen etwaiger Konkurs nicht hinnehmbare Schäden für die Volkswirtschaft und/oder den Arbeitsmarkt haben könnte; Beispiele im Finanzwesen: Citibank, American International Group, Royal Bank of Scotland, Hypo Real Estate; Beispiel in der Realwirtschaft: General Motors.

VERBRIEFUNG

Securitisation; Schaffung von Wertpapieren aus Schuldforderungen mit regelmäßigen Zinszahlungen; vornehmlich über Zweckgesellschaften abgewickelt.

VOLATILITÄT

Im Finanzwesen die annualisierte Standardabweichung des Wertes eines Wertpapiers, Indexes oder anderen Finanzinstruments über einen gegebenen Zeitraum; im Allgemeinen steigt das Risiko einer Anlage mit steigender Volatilität; generell wird von volatilen Märkten oder Erträgnissen gesprochen, wenn diese sich sprunghaft verändern.

ZWECKGESELLSCHAFT

Juristische Person/Unternehmung, die zu einem klar definierten speziellen Zweck gegründet wird, im Bankwesen meist für strukturierte Finanzierungen. Eine Zweckgesellschaft erlaubt es dem Investor oder Sponsor (zum Beispiel einer Bank), seine eigenen Vermögenswerte intakt zu halten, da die Gläubiger der Zweckgesellschaft keinen rechtlichen Zugriff auf diese haben; Zweckgesellschaften im Finanzbereich halten meistens ein Portfolio von Aktiva (zum Beispiel Anleihen, andere Wertpapiere oder Kontrakte, Derivate) und begeben dagegen Schuldpapiere, die mit diesen Aktiva besichert sind; die Papiere weisen häufig kurzfristige Laufzeiten auf; im englischen SPV (Special Purpose Vehicle) oder SIV (Special Investment Vehicle).